笹原大の
艦船模型

笹原 太 著
大日本絵画

ナノ・テクノロジー五歳

Ship Modeling
with Nanotechnology
by Dai SASAHARA

JN252295

笹原 大

1969年生。千葉県出身。中学生までガンプラをメインに楽しんでいたが、高校入学と共に製作活動を休止する。サラリーマンを約20年経験後、転勤のない現在の仕事に就いたため、家族の了解もあり模型製作を再開。現在、ネイビーヤード誌をメインに1/700スケールの日本海軍艦艇製作に特化した模型ライフを楽しんでいる。二児の父親。ブログ名R&R工廠の由来は子供の名前のイニシャルから命名。

1/700スケールの艦船模型を何処まで再現・表現できるか？
笹原 大の挑戦

近年、艦船模型の世界では様々なアフターパーツが販売されるようになりました。その中でもエッチングパーツの進歩は大変なものがあります。インジェクションプラスチックキットではなかなか再現、表現が難しいところもエッチングパーツを使うことにより、さらに精密な表現ができるようになりました。ただし、そのエッチングパーツは「高価だし、取り扱いが難しい。失敗したら……」となかなか手を出しにくい思いをされている方も多い様に見受けられます。確かにエッチングパーツは高価ですし、工作加工はある程度慣れないと難しいのは事実です。そこで今回は、私のこれまでの失敗や経験を糧に得たエッチングパーツを扱う「ちょっとしたコツ（？）」など紹介させていただき、「これからエッチングパーツを使ってみようか？」と思い悩んでいるモデラーさん達の背中を少しでも後押しできればと思い、執筆させていただきました。また、様々なアフターパーツを駆使して、「1/700スケールの艦船模型を何処まで再現・表現できるか？」という課題に私なりに挑戦してきた中で、便利に感じた工具や工法も紹介させていただいてます。皆様の模型ライフに何らかの形で参考にしていただければ幸いです。

伊勢

帝国海軍航空戦艦伊勢
フジミ1/700インジェクションプラスチックキット
Imperial Japanese Navy Carrier Battleship Ise
Fujimi 1/700 Injection-plastic kit.

もしかしたら"到達点"に達したのかもしれない。
驚くべき細密感と恐るべき精度の1/700世界

艦船模型の精密化という流れはすでに長い時間を経てきている。20年以上前からごく一部のモデラーが限られたアイテムで精密な模型を作っていた。しかしこれらの大半は1/350や1/200といった大きなスケールによるものだった。それらの特別なモデラーが実施してきた精密模型が1/700スケールにも応用されるようになったのはエッチングパーツの発売と海外製の細くて薄いプラ材が入手できるようになってから。これらの新マテリアルを使って1/700スケールの艦船模型に精密に工作するという流れが徐々にできあがっていった。

年々、新しい便利なアフターパーツが開発されるようになり、ますます精密な工作をほどした作品が加速度的に生まれていった……と思われるかもしれないが、実際のところこの1/700スケールにおける精密化の流れは一旦、5年ぐらい前に停滞するようになった。なにしろ1/700である。実艦の10cmのディテールも1/700にすると0.14mmとなってしまう。人間の目と指先のコントロールにはどうしても限界がある。精密なパーツを盛り込んでもそれがきれいに配置されていなければ台無しだ。そのため艦船模型の精密化については足踏みが見られるようになった。

そんな中、現れたのがR工廠こと笹原大氏（R工廠はインターネット上のハンドルネーム）。これまで限界とされていた10cm未満（1/700では0.14mm未満）の工作を易易とこなし完成させる。それが全体に及んでいるのだ。たとえば艦上機を1機だけ精密に作り込むことにチャレンジしてきたモデラーならば多数いる。しかしそれを高い精度で複数作ることができるというのは常人には無理な話だ。飛行甲板にずらりと1分の狂いもなく精密に作り上げた艦上機を並べるという芸当は誰にもできない。精緻な工作ばかりではない。その塗装の美しさも笹原氏の作品の魅力のひとつだ。これまでは「1/700というスケールだから」ということで比較的単調な色遣いで完成させるというのが艦船模型のお作法だったのだが、笹原氏は戦車模型などのトレンドを応用した非常に繊細なウェザリングや効果的な差し色により「見せるものを楽しませる」という演出に非常に気を遣っている。

遠くから離れてみてもその色遣いのビビットさは人を惹きつけ、そして近づいてみるとその繊細な工作技術に驚く、そしてさらに顔を近づけてみるとさらに精緻なディテールに驚き無限に眺められているという。これが笹原氏の作品の魅力なのだ。これは艦船模型におけるひとつの"到達点"なのかもしれない。

CONTENT

- 特別インタビュー／笹原大氏に聞く1/700製作の秘訣 …… 12
- 帝国海軍航空母艦 瑞鶴 （フジミ1/700） …………… 17
- 1/700艦船模型に特化した笹原氏の部屋を大公開 …… 30
- 笹原大の超精密工作を支える工具一覧 ……………… 32
- ナノ・テクノロジー流艦載機の作り方 ……………… 38
- 帝国海軍航空母艦 大鳳 （フジミ1/700） …………… 43
- 帝国海軍航空戦艦 伊勢 （フジミ1/700） …………… 51
- 帝国海軍駆逐艦 薄雲 （ヤマシタホビー 1/700） ……… 59
- 帝国海軍航空母艦 赤城 （ハセガワ1/700） ………… 67
- 帝国海軍航空母艦 飛龍 （フジミ1/700） …………… 73
- 帝国海軍重巡洋艦 利根 （フジミ1/700） …………… 77
- 帝国海軍航空母艦 龍驤 （フジミ・アオシマ1/700） … 85
- 帝国海軍水上機母艦 日進・千歳 （アオシマ1/700） … 94
- アメリカ海軍航空母艦 ニミッツ （ピットロード1/700）… 106

もはや鑑賞にルーペは必須。
1/350だとしてもすごい工作で、
1/700は恐ろしいことに……

――松本州平氏談

やっぱ最初に見たのはTwitterやったねえ。何年か前の話やけども。いや、みんなそうやと思いますけど、やっぱり最初は「この作り込みは1/350でしょ。いや～、1/350でもこれだけ細かい工作ができるようになったんやねえ」と感心しとったんですわ。そしたら1/700って聞いてのけぞりました。1/350だとしてもすごいでしょう。1/700は恐ろしいことになったなとしみじみ思いましたですねえ。
　後に模型の展示会で初めてお会いした時も「本人は西郷隆盛っぽい」というふうに聞いとったから、まあ一発でわかりましたわ。本当にそういう感じやから。その時に初めて生で作品を見せてもらったんやけど、もはやルーペがな

いと細かすぎて何がなんだかわからんじゃないですか。だからルーペ借りたんやけど、そしたら今度は距離感がわからなくなって、ルーペぶつけそうになって。あれは怖かったっすね（笑）。そもそもワシ、船の模型って作っとったの中学生のころくらいやからね。そん時はウォーターラインシリーズやったけど、買ってきたら、べーって塗って並べて遊ぶという、そういう非常に普通の遊び方をしておったんですわ。だから、笹原さんの作品ほどの主張もなければ内容もない。それでアレを見るでしょう。そうするともう、「1/700でここまでやります!?」みたいな気分になってきますねえ。
工作がすごい細かいというのももちろんだけ

れど、塗装のセンスの良さもすごいんですよね。エイジング（経時変化のウェザリング表現）のセンスもいいし、配色で明確に差し色を入れようとしているじゃないですか。よくある「漠然

松本州平 Shuhei MATSUMOTO

1957年生まれ。横浜在住。模型雑誌に関わって30年以上も過ぎてしまった模型好きの絵本作家。インジェクションプラスチックキットだけではなくメタルキットや食玩も作り、ジャンルも、飛行機などのスケールモデル的なものから城、ダンプカーに至るまで、なんでもありの製作スタイルで知られている

と軍艦色が塗ってある模型」になるのを拒否してますよねえ。どういうプロセスでこの配色を思いついて塗っていったんだろう……と毎回感心させられております。　■

「松本州平のヒコーキ模型道楽」
大日本絵画刊／本体3900円＋税
A4版　160ページ　フルカラー
●80年代から飛行機やAFVを中心に活躍し、早30年以上のキャリアを持つ大ベテランモデラー、松本州平先生の、飛行機模型誌『スケールアヴィエーション』誌上にて掲載された作品を一挙収録！連載時の掛け合いに加え、製作工程写真や作り下ろしの作品も収めた、松本先生を語る上で欠かせない一冊

木の質感や艦載機翼端灯まで描き込む。
異常なまでの細部塗り分けの徹底により
見事に実艦のサイズ感を表現している。

——吉岡和哉氏談

限界まで再現されたディテールと超絶な精度で仕上げられた笹原氏の1/700作品。最大の魅力は何と言ってもその「緻密さ」であるというのは、誰もが納得するところです。

氏の作品をよく観察していくと、「緻密さ」を引き立てる技術が見えてきます。艦船模型では、工程の多さから塗装より工作に重きを置かれることが多いように見受けられますが、このような作品はたいていあっさりとした塗装仕上げです。1/700という小さなスケールの限界にもあるのでしょう。しかし、笹原氏の作品では、異常なまでに細部塗り分けが徹底されています。例えば機銃ひとつとっても、防盾、銃架、機銃、椅子にいたるまで塗り分けられ、艦載機には翼端灯まで描き込まれています。そのうえ質感表現にも抜かりなく、木部だけでも資材や荷物、甲板、短艇の船底など、しっかりと違いが再現されています。

また、開放された水密扉の演出は、色のこだわりの最たるものかもしれません。扉を開けることでグレー単色になりがちな船体に白い差し色が効いて密度感が高まります。軍艦と言えば暗いグレーの単色で塗られていることが多く、それゆえ仕上がりが単調になりがちです。また暗いグレーは収縮色でもあるので普通に塗ると小さく見えてしまいます。ところが笹原氏の作品は細部の工作に加えて前述した緻密な塗装の積み重ねにより100mを超える実艦のサイズ感が見事に表現されているのです。こうした色表現は、笹原氏の豊かな色彩感覚の現れですが、さまざまなジャンルの技法を積極的に取り入れる柔軟な姿勢も、素晴らしい作品を生み出す原動力になっているのではないでしょうか。

吉岡和哉 Kazuya YOSHIOKA

アーマーモデリング誌で「ダイオラマパーフェクション」を連載するミリタリーモデラー。じつは小学生のときにウォーターラインシリーズにどっぷりハマった艦船好き。何時かごりごりにディテールアップした船をダイオラマに……と思っていた矢先に笹原作品を見たことでその目論見も木っ端みじんに轟沈。好きな艦艇は球磨、扶桑、イオー・ジマ、ジェラルド・R・フォードetc.

「ダイオラマ・パーフェクション2 車両・建物編」
大日本絵画刊／本体3800円+税
A4判版 112ページ フルカラー
●戦車模型誌『アーマーモデリング』で好評連載中の「ダイオラマ・パーフェクション」を加筆修正し再編集。ケースバイケースで綴られる合理的な製作法と再現度の高さはあなたの情景製作に必ず役立つはず。世界トップレベルのミリタリーダイオラマがいかに完成したのか、その舞台裏を掘り下げて紹介

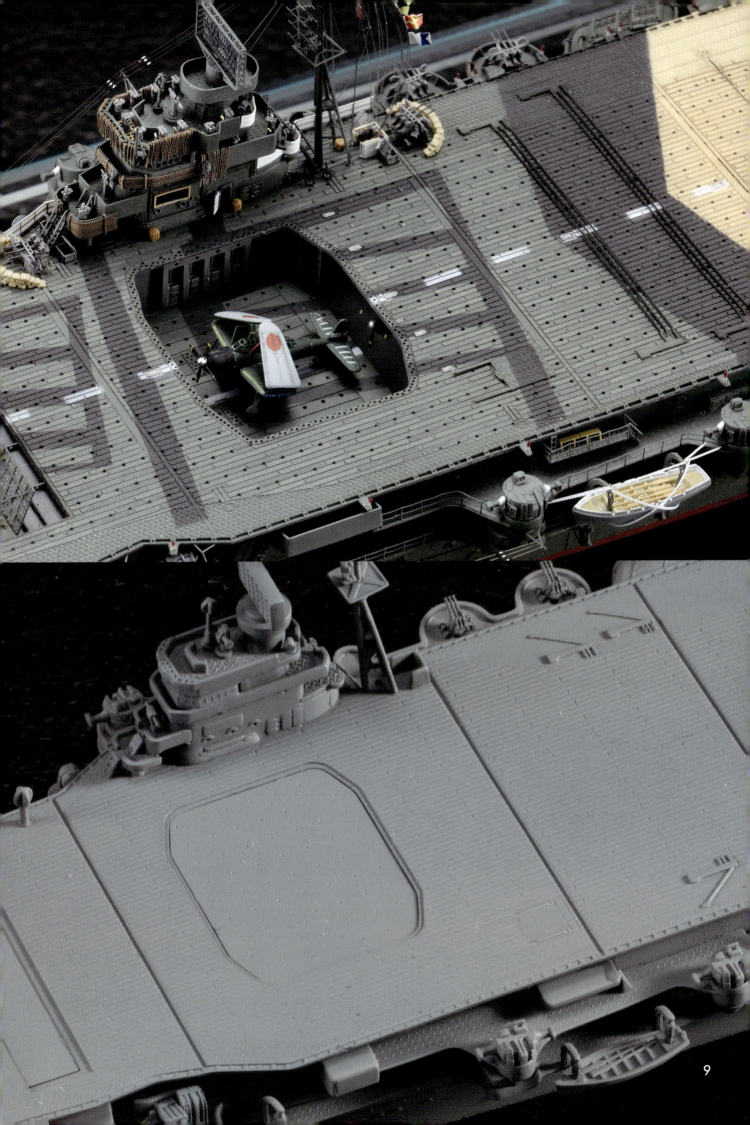

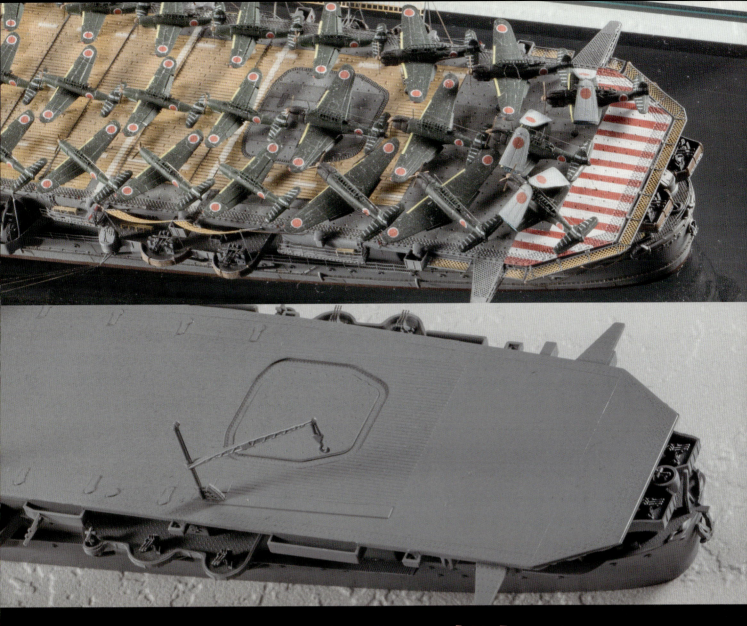

映画のセットにも通じる極上のミニチュア 横の1円玉を見てそのすごさに驚け!

——山崎貴氏談

もともと模型が好きで、映像業界に入ったのもミニチュア特撮の世界からでした。私の場合、『スター・ウォーズ』を見てからはもうそういうSFっぽいものばっかりになっちゃいましたけれど、それ以前はスケールモデル一辺倒だったので、艦船のキットも作ってはいたんですよ。ただ、やっぱりプラスチックの部品だとアンテナの形とかに限界があって、これをうまく修正するのは自分の手には負えないな、と思って作らなくなったんですよね。

そういう人の目からすると笹原さんの作品って本当に驚異です。最初はTwitterで作品をお見かけして、「すげえ!」と思って。1/700って一応書いてはあるけど、Webで見る写真だと実物の大きさが全然わかんないんですよね。だから「タバコかなんか、大きさが比較できるものを置いてください!」ってリプライしたら、次からは1円玉を横に置いてくれるようになって。で、またその1円玉が思ってたより全然大きくてびっくり。そういうわけなんで、笹原さんが模型の横に1円玉を置いて写真撮るようになったのは僕の影響だったりします(笑)。

笹原さんの作品って色味が映画のセットっぽいんですよね。塗装による各部分ごとの素材や質感の強調が非常にうまい。特撮のスタッフをやっていた時に言われた話で「汚れはカメラを通すと半分になる。だから肉眼では想定の2倍汚くしろ」ってのがあるんですけど、艦船模型って巨大なものを1/700の大きさにしているから、スケールに換算すると人が見る時の視点ってものすごく遠くから撮影しているのと同じになります。なので、映画セットっぽい色使いがとても効いてきます。ビビッドな色味は部分ごとの質感の表現として非常に目を引くし、作品全体としても鮮やかですよね。そういう部分の強調が本当にうまいなと思います。 ■

山崎貴 Takashi YAMAZAKI

映画監督。「ALWAYS 三丁目の夕日」(2005年)ではCGを駆使して昭和の町並みを見事に再現、日本アカデミー賞で作品賞、監督賞を含む16部門を制覇し、続編「ALWAYS 続・三丁目の夕日」(2007年)、「ALWAYS 三丁目の夕日'64」(2012々)も大ヒットを記録した。その後も「永遠の0」(2013年)や「海賊と呼ばれた男」(2016年)など多くのヒット作を手がける。

●笹原氏のTwitter(R工廠 @risaandryoder)でおなじみの、作品と1円玉との比較写真。あまりの細かさに対比物を見てはじめてその小ささに驚かされる

──艦船模型を作り始めてから、何年ぐらいになるのでしょうか?

笹原 今年で7年目になりますね。

──出戻りというか、それ以前も模型を作っていて、お休みされていたんですか?

笹原 はい。でも以前に作っていたのは中学生の時代でジャンルも艦船模型ではありませんでした。

──その頃と今では全然環境が違いますよね?

笹原 当時は、それこそ松本州平先生の「改造しちゃアカン」とかの世界でしたからね。

──7年前に出戻って改めてもう一度模型、それも艦船模型を始めたのは、何か作品を見た、というようなきっかけが何かあったんでしょうか?

笹原 やはり、艦船模型用エッチングパーツでしょうか。もともと海軍は好きだったんです。歴史とかも好きだったんで、船には興味はあった。でも中学生の時はアフターパーツなんてなかったんですよ。当時は、ウォーターラインのキットのまま作るんだけどかっこよくならない……。かっこよくないというか、例えば、松本州平先生がやっていた1/72のミニタンクや横山 宏先生のSF3Dオリジナルのスーパー AFSとか……ああいうのと比べると、艦船模型にはあまり魅力を感じませんでした。

──1/700スケールという制約もあって、ウォーターラインシリーズの初期のキットはかなりあっさりしたものでしたよね。

笹原 そうですね。そのころちょうどガンプラも流行ったんで、ガンプラをやったりとか……ザクとかガンガン作ってましたよ。

──ちなみに7年前の模型の出戻りの頃にガンプラ製作も復活されました?

笹原 いや、一切。全然作っていない。ガンプラ製作は中学生のころだけです。社会人になって少し仕事に余裕ができるようになったときにたまたま『月刊モデルグラフィックス』を読んで、艦船模型用エッチングパーツの存在を知りました。Takumi明春さんの作品を『モデルグラフィックス』の艦船模型特集の巻頭特集で見て「え? 今、艦船模型ってこんなになってるの?」っていうのが、出戻ったきっかけですかね。

──そうなんですね。出戻って一番最初に手掛けられた艦船模型は何ですか?

笹原 一番最初は「龍驤」でした。

──フジミの1/700ですね。

笹原 そうです。ちょうどエッチングパーツの飛行甲板をぜひ使ってみたい、というのがあって空母の中でも「龍驤」はちっちゃいじゃないですか。試してみるのにはちょうどいいなと思って。複葉機を搭載していた時期の第一次改装の方でした。あれが私の出戻り後の艦船模型製作第1号ですね。

──飛行甲板のエッチングパーツって、上級者向けっていう印象がありますよね。初~中級のモデラーさんだと「ちょっと取り扱いが難しそうだな……」と敬遠されがちですが、そこは全然気にならなかったのでしょうか?

笹原 全然。逆に、「この飛行甲板パーツ、細かいモールドですごいカッコいい!」って(笑)。あと、飛行甲板後部裏側のトラス状構造。「こんなのができるんだ!!」っていうのがあって、それがやりたくて作り始めたようなものです。

──その復帰第一作って、きちんと完成し

特別インタビュー/笹原大氏に聞く1/700製作の秘訣
テクノロジーを活用した潔い「急がば回れ」精神

本書でとりあげた超精密な艦船模型はどのようにして生まれてきたのか。作り方にコツなどはあるのだろうか。今回は単行本化記念として笹原氏に艦船模型に関する考え方や取り組みなどについてうかがった。これから艦船模型を作っていこうという方にも参考になる部分もあるだろう

1/700スケールの航空戦艦「伊勢」。実物は30cm強ぐらいのサイズだ。このページに掲載した写真は130%となる。このぐらい大きさからでは細部がよく見えないためピンとこないかもしれないが51ページ以降に掲載しているクローズアップした写真をご覧いただければそのあまりの精密さにきっと驚かれるはずだ。

た？　いきなりエッチングパーツに挑戦すると挫折してしまう方も多いようですが。

笹原　もちろん。ちゃんと完成させましたよ。

──それで気をよくしてもうちょっと作ってみようか……みたいな？

笹原　そうですね。

──久しぶりに模型に出戻って、7年ぐらい前に経験のない艦船模型の製作を始められたとき、戸惑われることってありましたか？　昔のキットと最近のキット／パーツって全然違うじゃないですか？「細かくなって作りにくいなぁ」とか。

笹原　あまりなかったです。それよりもエッチングパーツをイチから集めなきゃいけなかったのが大変でした。「エッチングパーツって意外と国産メーカーが少ないんだな」って、そのときはじめて知りました。ちょうど中国のライオンロア（LionRoar）が出始めた時期だと思うのですが、取り扱っているお店がわからず、「まず、入手するのが大変だな」って。

──インターネットがあるから、そこで探し方がわかってくれば手に入るけど、たどり着くまではちょっと時間がかかるかもしれませんね。模型店ではなかなか見かけませんし。

笹原　最初はエッチングパーツの実物を見てから買いたいじゃないですか。まだ見たこともないパーツばっかりなんで。

──7年ぐらい前だと、まだ模型店も今より残っていてギリギリ実店舗で購入できた頃ですよね。

笹原　そうでしたね。売ってました。

──今は艦船模型自体を扱っている模型店が少なくなってしまいましたが、5年くらい前までは模型店に行って、「あ、これ全然見たことないエッチングパーツだ」って見てから買うことができました。そもそも艦船模型用のエッチングパーツって生産数が非常に少ない上に、再生産もほとんどされないので、見かけた時には即買っておかないと、あとから入手できなくなってしまうケースも多いですよね。

笹原　そんな事情もわからなかったんで「まだいっぱいあるからいいや」なんて買わないときもあったんです。そしたら瞬く間になくなって……その後は一向に入荷しないし。それで見つけたときには買っておくようになりました。最近は1日の日課として、毎朝4時に起床してインターネットで新しい艦船模型のパーツがあるかどうかをチェックしてます。見たことのない製品だったらとりあえず買っておく。出戻った当初の「欲しいアイテムがいつでも買えるわけではない」という苦い経験からきています。

──私たち艦船模型誌編集者でも知らないアフターパーツを使われているので毎回驚かされます（笑）。それと、笹原さんの製作手法で、とくに印象的なのは「ブロック工法」。塗装の手間を考えある程度構造物ごとに作るっていう方はわりといるのですが、塗装に到るまで徹底して細分化したブロックごとに作り上げるのは、ほかのモデラーさんにはない特徴かなと思います。

笹原　エアブラシによる吹き付け塗装が基本なんで、ある程度組んじゃった後だと、ちゃんと細部まできれいに均一に吹けないんです。それに、なんといっても汚し塗装ができない。だから自然に各ブロック、艦橋なら艦橋、煙突なら煙突、砲塔なら砲塔って完全に完成させて最後に組み合わせるという工法になりました。各ブロックを組み合わせるのは最後の工程で、そのあとにやるのは張り線ぐらいでしょうか。

──iPadなどのカメラ機能を活用されているの

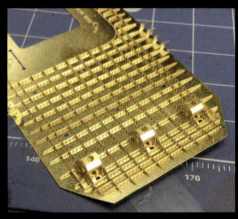

▶空母用の飛行甲板エッチングパーツ。近年はこのような飛行甲板をまるごと交換するような形状のものも発売されている。笹原氏は空母作品の飛行甲板をすべてエッチングパーツへと交換しているのだ。

1/700では約30cm
ここでは130%

も印象的ですね。肉眼で見てて気が付かなくても、カメラで撮影して拡大して見て初めて気が付く部分ってあります。カーモデルなどを作っている人達はすごく気にするんですけど、塗膜のざらつきみたいな部分って1/700こそ、とても気になります。カメラで撮って拡大して見ると一目でわかるんですけど、肉眼では別に気にならない。だから、ある程度組んでから、まとめて缶スプレーで塗装する、というような方もいますが、そこを分けて塗ることできれいに塗れるんですね。ここを徹底されてるからこそ、笹原さんの1/700作品には均質な緻密さと塗装の清潔感がでるんだな、とわかりました。

笹原 ある程度組み立てが進んでしまうと、ウェザリングはもう絶対に無理です。一気にエッチングパーツまで組んでから塗ると汚せなくなる。ほとんどの艦船モデルってそうだと思うんですよ。だからある程度組んで塗ると、あとはグレー1色でウォッシングをするのがせいぜいです。しかも、どうしても塗り残しや拭き取り残しがでてしまいます。肉眼ではあまり気にならないのかもしれませんが、雑誌でアップで掲載されるとアラが目立っちゃいます。

——お話を聞いていくと、結構工程が多くて、「そこまでやっていられない」と感じる方もいらっしゃるでしょうね。例えば、艦橋なら各階層ごとに床を塗ってから上に重ねていかないと、最終的に塗れなくなってしまう部分が出てきます。羅針艦橋の床があって、そこにエッチングパーツで窓枠を付け、天井を付けてから次の階層に移る……こういう手順を行ったり来たりしながら段階を踏んで徹底的に個別に進めていく。笹原さんは全然苦にしてないようですが、それがほかのモデラーさんにない工法の特徴ですね。

笹原 そうかもしれません。特に「伊勢」などは、艦橋を作って塗るだけで、ホントにまるまる冬休みの10日間かかりました。

——いずれ「扶桑」も作りたいというお話をうかがっていますが……そのときはもっと大変ですね。

笹原 「扶桑」の艦橋をやるときは、例えば盆休みとか冬休みの2週間とか10日、もう集中してやることになるでしょうね。結局は、塗って乾かして塗って乾かしての積み重ねなんです。製作部屋で艦橋のある階層を組んだら、別の塗装部屋に行ってそれを塗装します。塗ったら塗装ブースに格納して乾くまで30分タイマーをセットして、また製作部屋に戻って違う部分の作業をすすめる。これをひたすら繰り返すわけで、艦船模型も基本的に「急がば回れ」ですね。

——とても効率的で無駄がない工程ですよね。そういうふうに自己管理ができて余裕があるところが作品の最終的な仕上がりに大きく影響しているんだな、というふうにお見受けしました。工作で感心したのは、エッチングパーツがうまく接着できなかったら、ちゃんと接着部をきれいにしてから先へ進むというところ。瞬間接着剤は瞬間接着剤の層の上からではうまく硬化しませんから、1つ工程を戻ってしっかりと処理をする。1つ1つの工程を丁寧に行なうのはもちろんなのでしょうけれど、こうやって必要に応じて戻る=回ることによって、作品の驚くべき完成度を生み出しているのですね。

笹原 手すりなんかでも、1回接着してみて「ダメだなー」と思ったら、手すりパーツごと捨ててしまっています。それでもう1回新しいパーツを切り出して接着をやり直す……接着がうまくいかないだけではなくて、繊細な手すりパーツなんかだと、ピンセットで持っただけでも歪んだりすることもあるんですよ。

——それはなんとも贅沢というか徹底的というか（笑）。そこまで徹底してやることで、作品の圧倒的な精密感が生み出されるわけですね。

笹原 あとから修正できるパーツならいいんですけれども、修正できなかったら思い切って捨ててしまって、別のストックでやります。

——言うのは簡単ですけど、そういう遠回りはなかなかできないと思います。

笹原 もちろん「もったいない」って思うんですけど、そのもったいないの積み重ねで完成度が下がっていくんですよ。特に手すりとか、ジャッキステーとか。やっぱり、あきらめと言いますか、思い切りも必要かなと。

——艦橋、煙突、砲塔などをブロックごとで完成させていくという手法とのことですが、すでにそれぞれのブロックが1つの作品と言えるほどの作り込みと完成度になっていますね。

笹原 そうです。ひとつのブロックを1つの作品として仕上げてしまうつもりで作っています。

——内火艇や機銃だけでも、それぞれ1個の作品として鑑賞に堪えます。

笹原 細部だけを切り出して見ても、楽しんでもらえるように作りましょうっていうことです。

——それもモチベーションの維持のやり方なんでしょうね。1つの船を作るのに3ヵ月かかるというとしんどいですが、それぞれを数日で作って積み重ねていく。飛行機がひとつできたらそれだけで独立した完成品になるわけですし。

笹原 だから艦載機を先に作るんです。水上機母艦とかだと、「この艦載機が載ったらカッコいいだろうな」って、大きなモチベーションになるじゃないですか。逆に船ができてからまとめて飛行機作れって言われると結構つらいです。

——「ようやく完成だ」というところで一番時間のかかる飛行機の工程に入る、しかも数を揃えないといけないというのは結構きついですよね。

笹原 逆に先に飛行機を作っておけば、その時点で完成品ができモチベーションが上がります。

——艦載機を作りかけの飛行甲板に並べて遊んでなんていうこともありますよね。

笹原 盛り上がりますよね。

——さて、精密工作は笹原さんの作品の最大の魅力のひとつだと思うんですが、ここでは塗装にも注目してみたいと思いいます。模型のジャンルの中でも、艦船模型というものは精密工作に特化してきた感があります。戦車模型などでは専用のウェザリング塗料が発売されたり、海

▲ブロック工程で作られた艦橋。これは「瑞鶴」のもの。艦橋や煙突などのブロックごとに製作するスタイル自体はそれほど珍しいわけではないが、笹原氏のように塗装、ウェザリング、防弾用ロープなど艤装をすべてあらかじめ組み込んでしまうようなやり方はあまり見かけない。

▼作品に搭載する大発。単なるパーツ、艤装ではなくこれだけで完成品として見ることができるクオリティにまで仕上げている。長期にわたる製作期間のモチベーション維持のためにもひとつひとつの積載艇、艦載機、ブロックなどを完成品として扱う必要がある。

外モデラーの技術を積極的に取り入れたりと塗装技術がどんどん進化している気がするのですが、艦船模型の世界ではあまりそのような塗装に関するムーブメントはありません。ウェザリング（汚し塗装）に至っては、まったくしないか、逆にくどすぎて失敗してしまうか、どちらかのケースがほとんどです。笹原さんは、1/700だからこそのウェザリングをうまく取り入れられていますよね。戦車、飛行機など、他ジャンルから「これ使えそうだ」といろいろと新しいマテリアルを試しているとも聞きましたが……。

笹原 1/700のウェザリングは離れて見た時によい調子だと、近くによってアップで見たときにはやり過ぎということも多いので気をつけています。別の素材で試してみてから、カメラで撮影しアップで見ても大丈夫か、微妙な変化のレベルで抑えている感じです。

──そのバランスが絶妙ですよね。

笹原 戦車模型誌、『アーマーモデリング』の吉岡和哉さんの記事などは何度も繰り返して読んでいますね。吉岡さんの『ダイオラマパーフェクション』や『タンク シンクタンク 吉岡和哉AFVモデルマスタークラスワークショップ』（いずれも大日本絵画刊）を読んでいくと、戦車模型では精密工作の時間と塗装／ウェザリングの時間って、たぶん5対5ぐらいなのかなという印象です。でも、艦船模型って、精密工作にかける時間が7〜8割で塗装／ウェザリングが2ぐらいな気がします。そうすると、どうしても艦船模型は塗装の面で見劣りしちゃうのかなって感じたんです。また吉岡さんの作品を見ると、色使いとかがすごい。ウェザリングを激しくしていても、うまい人の作品はきれいなんですよね。それを見て、「やっぱり艦船模型も塗装とウェザリングにもっと時間をかけないと、いいものができないな」って。それでウェザリングも考えるようになりました。ただ、吉岡さんのやり方はあくまで1/35のスタイルなので、そのまま1/700でやるとおかしくなる。だからテクニックも1/700に置き換えるようにして、薄く薄く、限界まで薄くしています。

──本当に、遠目では見えるか見えないかぐらいのレベルで色調の変化を付けてますよね。カメラで撮るとそれがいい具合に見える。

笹原 そうです。軍艦はほぼグレー1色です。戦車のフィルタリング用ウェザリングカラー、これはいろんな色が発売されているんですけれど、1回黒を塗ってそのあと茶系を重ねとというふうにウェザリングしていくと、グレーと言っても色味が全然変わってくるんですよ。そういうことがわかってきたので、ウェザリングにもさらに時間をかけるようになりました。結局、1回ウェザリングして乾かし、さらにウェザリングを重ねて乾かして……最後に油絵具で錆色を入れたり、というふうにしています。

──言われないとわからないくらい軽くですね。

笹原 そうです。軽く、です。

──やりすぎるとサビサビになりますものね。帝国海軍の軍艦って、基本的にグレーとリノリウムの甲板色、せいぜい木甲板色の3色ぐらいですけど、笹原さんの作品を見ていると、色数が多いなって気がするんです。とくに白がすごく効果的に使われている。マントレットの白がすごく効いてますし、木材の色みたいなものも、目を引いて、それがやっぱり全体を引き締めグレーとリノリウムの甲板色をより引き立てている。配色がすごく考えられているなと感じます。精密工作にプラスアルファしての塗装。この2つの相乗効果で、見る人を引き付ける作品ができ上がっているんでしょうね。

笹原 木の色とかも、たぶん「こんなきれいな木なんかねえよ！」って皆さん思われるかもしれませんが、そこをあえてちょっと鮮やかにすることで色味を増やしていくようにしています。旗なんかの追加も効果的ですね。

──そのあたりが艦船模型初心者にも、「楽しいな」、「見ていたいな」と思わせる要素なんでしょうね。艦船の実艦考証に詳しい人からすると、帝国海軍の軍艦は軍艦色1色、もともとそういうものなのだからそれ以上何があるんだって言われそうですが、見せる模型としての「色」を意識されているんですね。艦船以外の飛行機とか、戦車などもよく見ておられるので、それらも踏まえうえでいろいろ試されてますね。

笹原 「もっともっと塗装で遊べるところはないかな」ということはいつも考えています。

──吉岡さん以外で影響を受けたモデラーのかたはいらっしゃいますか？

笹原 工作技法、塗装や汚し表現でとても参考にしているのが、松本州平先生です。日ごろから展示会やTwitterなどで交流させていただいていますが、リベット打ち技法や細部の再現のこだわり方や塗装での色の使い方や汚し方など、本当にかなり影響を受けてますね。Twitterで製作途中の写真をアップされると「うわぁ〜そこまでやるのか！」「これは負けてられない！」と個人的にかなり刺激をもらってます。そのこだわりの作品が実機のような写真で楽しめる飛行機模型誌『スケールアヴィエーション』の連載「改造しちゃアカンリターンズ！」は毎号とても楽しみにしています。

──松本州平さんといえば飛行機モデラーとして高名な方ですが、1/700スケールの飛行機製作で苦労されたってことはありますか？

笹原 いえ。それに、いまも「もっとできるんじゃねえか!?」と毎回やる気満々ですよ（笑）。

──今回単行本を作るにあたって、古い作品から改めて見させていただいたのですは、特に1/700の飛行機を作ることに関しては、いまだに目に見えて進化し続けていますよね。

笹原 飛行機を作っていると「もしかして!?」と閃いたりするんですよね。やっている間に「こうすればいいんじゃないかな？」と思いつくのがまた、楽しい瞬間でもあります。

──艦船モデラーの皆さんと話をしていると「飛行機作るのをなんとか避けられないか……」みたいな方もいて（苦笑）、「空母は好きなんだけど、飛行機は……」なんて意見もあります。

笹原 展示会で、空母本体が作り込んであって

▲笹原氏は他ジャンルの模型の技法も積極的に取り入れている。とくに塗装に関しては戦車模型から学ぶことが多いそう。ただしスケールの違いがあるためそのまま取り入れてはいけない。考え方を抽出してそれを1/700スケールに落とし込む必要がある。左が『ダイオラマ・パーフェクション』で右が『タンクシンクタンク』（大日本絵画刊）。いずれも戦車モデラーの吉岡和哉氏の単行本。これらの書籍からアイデアを思いつくこともあるそう。

▼1/35スケールの戦車模型用のウェザリングマテリアルはここ数年で大きく変化している。メーカーから次々と新しいものが発売されているのだ。写真はGSIクレオスのMr.ウェザリングカラー。油彩ベースののびの良い塗料でウェザリング専用に開発されたもの。艦船模型ではごく薄めて明度の調整などに使う。

15

も飛行機がそれに見合っていないと、「もったいないなぁ」って思ってしまいます。やっぱり空母って飛行機がまず目に入りますから、そこが雑だと全体の印象で損しちゃいますよね。

——艦船模型初心者の方で、エッチングパーツや精密工作がうまくできない、という人がいらっしゃいますが、「こうすればうまくできる」というようなアドバイスをいただけますか?

笹原 とにかくパーツの切り出しとゲート処理を丁寧にするということでしょうか。そこが雑だときれいに作ることはできません。

——ゲート処理はどうしているんですか?

笹原 GSIクレオスのMr.ポリッシャーを使っています。きれいにナイフで切ったつもりでもやっぱりゲートは残るんですよ。プラスチックは多少ゲートが残っていても接着剤で溶けるからくっつきますけど、エッチングパーツは溶けないので必ず隙間ができてうまく接着できません。

——なるほど。隙間ができているから接着がうまくいかないんですね。

笹原 それに隙間の誤差が重なると、平行、垂直、水平がどこかで必ず破綻してしまいます。

——ほかに工具などで「こういうものを使うとうまく作れる」というものはありますか? ピンセットのほかは……。

笹原 ピンセットとルーペは必須です。裸眼だと見えているようでいて意外と見えてないんですよ。「ヘッドルーペに頼らないで作っているよ」という方もいらっしゃいますが、肉眼では限界があります。カメラで撮ってアップにしたら肉眼では気が付かない隙間があったりしますからね。

——先ほども話が出ましたが、iPadを便利に使われていますよね?

笹原 iPadはカメラで撮ってその場で拡大して見られるっていうのがいいですね。スマホだと画面が小さいけど、iPadは画面が大きいのでミスが見つけやすいのです。

——撮影用のスタジオみたいものをそろえていちいち撮ろうとすると億劫になりますけれど、iPadだったら手元でぱっと撮って拡大して「ここがちょっと歪んでる」とか「隙間が空いてる」というふうに確認できますからね。

笹原 肉眼で水平垂直に気をつけていても、iPadで撮ったら結構歪んでるところがわかったりするのでチェックとしておすすめです。画面で見てもしダメだったら、そこはパッと捨ててしまい新しく作り直す。そういうことをこまめに1工程ずつやるのが、結局早くきれいにできる近道かもしれないです。「5〜6万円で模型撮影用のデジカメを買うとしたらどういうのがおすすめですか?」と聞かれたりするんですけど、「iPadが一番ですよ」って答えています。写真を自動的に補正してくれるから、安いデジカメより格段にきれいに撮れて便利です。

それから、照明には気を遣ったほうがいいかもしれません。私は作業机に卓上ライトを5個付けています。パーツにまんべんなく光が当たるようにすることで、影が出来ないように気をつけています。より明るく照らしてヘッドルーペで拡大して見ながら製作するというのが、ミスを減らす一番のコツかもしれません。

——最後に……、この後はタミヤの新作の1/700「島風」を作られると聞いていますが、そのほかにこれから作ろうと思っているものがあれば教えていただけませんか。

笹原 空母なら、「赤城」「飛龍」「蒼龍」はすでに作っているので「加賀」を作ってみたいですし、「隼鷹」も好きなので作ってみたい。「隼鷹」はフジミから新しいキットが発売されたばかりですから。

——使ってみたいエッチングパーツも持っているから、ということもあります?

笹原 そうですね、それもあります。あまりどのメーカー用というのには拘らないので、既に手元にパーツがある艦は候補になりやすいです。

——お話を伺っていると空母の選択肢としては、エッチングパーツの飛行甲板があるものが上位に上がっているようですね。

笹原 すでにエッチングパーツを買って持っている艦のなかでもまだ作っていないものはたくさんあります。「翔鶴」、「瑞鶴」もエッチングパーツはすでに購入しているので、「加賀」、「隼鷹」とあわせてすぐにでも作りはじめたいです。

——相当忙しいですね(笑)。

笹原「扶桑」や金剛型戦艦、高雄型も作ってみたいし、あと「妙高」とか「足柄」も作ってみたい。「青葉」もいいですね。「衣笠」とかもあるし……となると、まだまだ作りたいものは多いです。

——来年も忙しくなりそうですね。これからの作品も楽しみにしています。ありがとうございました。

笹原 これからも作り続けていきますので、よろしくお願いいたします。　■

失敗したパーツは潔く捨てて改めて新しいパーツで作り直してしまうそれと、明るいところで拡大して見るのがコツです

欠かせない工具のひとつとしてあげられたGSIクレオスのMr.ポリッシャー。パーツの研磨用の電動ツールだがエッチングパーツのバリを処理するために絶大な力を発揮する。

**1/700では約17cm
ここでは160%**

太平洋戦争末期の帝国海軍艦艇の迷彩塗装にウェザリングを施すという実験的作品

太平洋戦争の帝国海軍艦艇の塗色は軍艦色、グレーというのがメインとなる。それに加えて木甲板色、リノリウム色あたりの色が基本色だろう。軍艦の迷彩塗装に関しては熱心ではなかった帝国海軍だったが大戦後期、レイテ沖海戦のころには緑を中心に数色を加えた迷彩パターンを取り入れるようになった。ここで紹介する「瑞鶴」は迷彩塗装を施した飛行甲板の色調にさらに変化を付け目に入る情報を増やそうとした実験的な作品である。非常に複雑な塗装手順が取り入れられているため情報量が多くなり精密感も増して見えるのだ

フジミ1/700 インジェクションプラスチックキット

帝国海軍航空母艦瑞鶴
フジミ 1/700 インジェクションプラスチックキット
Imperial Japanese Navy Aircraft carrier Zuikaku
Fujimi 1/700 Injection-plastic kit.

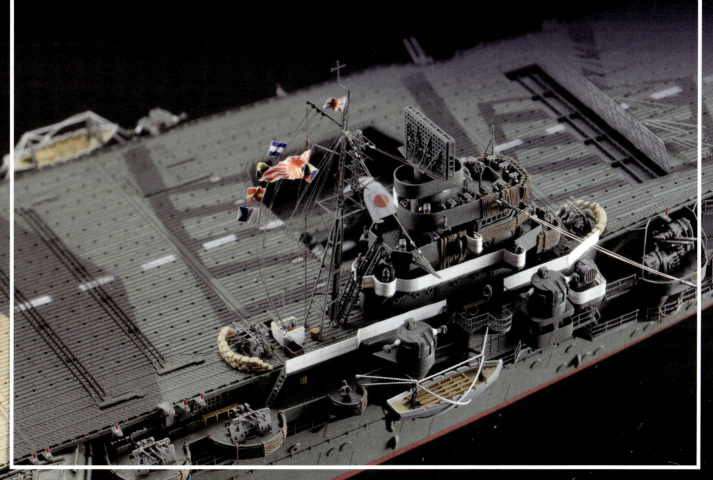

帝国海軍航空母艦
瑞鶴
1944年10月レイテ沖海戦時
迷彩塗装＋ウェザリング
1/700スケールに見合った塗装技術に対する回答

レイテ沖海戦の「瑞鶴」といえば複雑な迷彩塗装を避けて通るわけにはいかない。視覚的に情報量が多く軍艦色一辺倒の帝国海軍艦艇にあってカラフルで人気のある設定だが、一方で塗装に伴うマスキングなどの手間も多く艦船模型上級者でも製作する際には時間がかかってしまうケースも多い。キットによってはこの迷彩の手間を少しでも軽くするためにデカールによって迷彩を表現するというものもある。笹原氏は空母を製作する際には隣り合う木甲板一枚一枚を塗り分けるという方法を取っているが、今回の迷彩塗装でもそれを応用し「複雑な迷彩で」なおかつ「木甲板を塗り分ける」という実験を行なった。

理論的には可能なものだ。細切れのマスキングテープで甲板を覆い、一色ずつ色調を変えて塗り重ねていくというものだ。しかしその手間は通常の軍艦の数倍はかかる。そのような手間を厭わず丁寧に、集中力を失わず工作するということが笹原氏の最大の武器なのかもしれない。

●レイテ沖海戦時の「瑞鶴」をイメージし各所には防弾ロープや防弾板を設置している。防弾ロープは0.06㎜径の銅線をより合わせて自作したものを艦橋や機銃座ブルワークに巻きつけている
●汎用パーツ類を組み合わせることでエレベーター、および格納庫内の一部を再現。翼を折り畳み状態に改造した天山をエレベーター上、およびその前後に1機ずつ配置。

ナノ・テクノロジー工廠拝見。

驚異的な解像度を誇る超々精密作品が生み出される工程を全面公開

塗装を終え完成した作品からはどれだけ手が加えられているのか見えにくい。ここでは瑞鶴の製作途中写真を中心に実際の艦船がどのような製作過程を経て作られているのかご紹介しよう。そこに魔法はない。ルーペと精密工作に耐えられるピンセット、そして膨大な時間の集積によって作品は作られるのだ

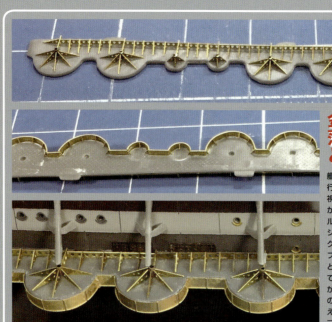

金属素材を使って薄いところはとことん薄くする

艦上機を搭載していない状態の空母は船体の大部分を飛行甲板が占めることになる。艦船模型は上から見下ろす視線になるため飛行甲板の下になる船体にはなかなか目が行かない。そんな中、飛行甲板の周囲に配置されたブルワークは見どころのひとつとなってくる。インジェクションプラスチックキットは金型に溶かしたプラスチック素材を流し込み射出するという工程を経る。そのためブルワークなどの薄い縁は実艦よりも厚みを帯びたものとなってしまい実感を損ないがちだ。簡単な解決法として上から見える部分のみ縁を薄く削るという方法もあるが笹原作品では基本的にブルワークは削り落とし真鍮製のエッチングパーツに置き換えている。また一見して見えない部分ではあるがブルワークの裏側のサポート用の三角ステーもすべてエッチングパーツに置き換えている。

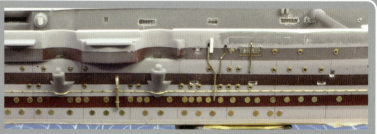

古いキットでは船体側面にはほとんどモールドがなく、あっても舷窓の穴が開口しているのみというものも多かった。しかし近年のキットでは舷外電路や汚水捨管、舷窓の庇までモールドされているものもある。しかしここもプラスチックキットという性質上、シャープさには限界がある。笹原氏の作品では基本的に舷側のモールドはすべて削り落として市販のエッチングパーツや自作パーツに置き換えている。

幅1㎝ほどの舷側にディテールを詰め込む

作品完成後はほとんど見ることはできない船体下側から見たディテール。新造時は側面を埋め尽くしていた舷窓も大戦後期になると写真のように蓋をしてしまっていた。ブルワークを支える三角ステーはすべてエッチングパーツに置き換えられている。これらはキットのパーツを切り離して市販のエッチングパーツに置き換えるだけ……と思われるかもしれないが実際にやってみると間隔をそろえてきれいに並べるのは至難の業だ。しかしこういった地道な作業があるからこそ「何時間でも眺めていられる」という作品に結びつくのだ。

艦首と艦尾は多層的なディテールで魅せる

帝国海軍空母は大戦後期には艦首、艦尾部分に対空火器を増設していた。これは首尾線上から急降下爆撃を敢行する敵機の照準を妨害するためのもの。飛行甲板の前端、後端にちらりと見えるこういった増設機銃の銃座が空母の視覚情報として重要なポイントとなる。ここでもブルワークは基本的に薄い金属パーツに置き換えられている。ほかにも舷側の周囲に配置されたボラードやフェアリーダーなどのディテールもプラスチックよりもシャープで形状の金属挽物パーツに置き換えることで全体を引き締めている。

市販パーツを使用しつつ
細密再現の限界に挑戦する武装類

対空火器などの武装類については15年前ぐらいまではかなり大振りなインジェクションプラスチックパーツが主流だった。艦船模型は1/700スケールということも相まって小さなパーツは「そこにある」ことを示すことが重要で、スケールに見合った装備というものは諦められていた。その後、エッチングパーツの登場があり「機銃が主砲よりも太い」などの現象はなくなったが、初期のエッチングパーツは取り扱いが難しく初心者には浸透しなかった。その後、2008年にファインモールドからナノドレッドシリーズが登場してからようやく初心者でも取り扱いが容易なプラスチック製アフターパーツが発売されるようになったという歴史がある。しかし笹原氏は「より精密なもの」をつねに求めている。海外メーカーから新しいパーツが発売されるとまず試してみる。本作では12.7cm連装高角砲はファインモールドのナノドレッドシリーズをベースにアドラーズネストの金属砲身などで加工したもの、25mm機銃に関してはベテランモデルのエッチングパーツを使用している。それも製品をそのまま使うのではなくラッタルを追加するなどの加工を施して搭載しているのだ。

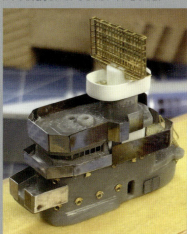

艦の"顔"、艦橋は徹底工作で
フォルムとディテールを突き詰める

軍艦の顔ともいうべき艦橋。のっぺりした飛行甲板の中でもっとも目立つアイコンだけにきっちり手を加えたいところ。途中写真を見ればわかるとおりキットのパーツは艦橋基部のみ使いブルワークや窓枠などはすべて自作パーツやエッチングパーツに置き換えている。笹原氏は基本的に曲げ加工が必要な部分にはやわらかい真鍮製のものを使い、窓枠などはより細く仕上げることのできるステンレス製のものを使っている。窓枠はジョー・ワールドから発売されているものがメインとのこと。

12ページからのインタビューでも紹介したとおり笹原氏は艦橋や煙突、砲塔などの各ブロックをひとつの作品として完成させておき、最後に全体を組み上げる方法を取っている。「瑞鶴」の場合はこの写真のように塗装はもちろん防弾用のロープや黒板、艦橋後部のラッタルに貼る帆布などすべて自作のものだが笹原氏の整流板なども自作している。艦橋下部の水密扉の扉は開けている。実艦ではこのように開け放した状態で航行することは少ないが扉を開けていれば船体内部の白い塗装が目に入る。笹原流の演出だ。

煙突のディテールアップは基本だけれどこれはスゴイ!

日本の空母は煙突からの排煙に大変気を遣った。船体側面に屈曲させて取り付けた煙突配置は他国の空母にはあまり見られないものだった。舷側に突き出し屈曲させられた煙突から出る排煙はさらに海水シャワーを浴びせられて温度を下げられることとなっていた。ただしこの屈曲煙突は損傷し傾斜した際など海水が流入する危険性も併せ持っていた。煙突上部に配置された構造物は非常用の蓋で船体が傾斜し排煙できなくなった場合はここを開いて強制排出することができた。煙突の格子部分をトラス状のエッチングパーツに置き換える工作は空母製作の基本的なものだが笹原氏の煙突内部の整流板なども自作している。これらは下側から覗き込まない限り見えないが細部まで徹底的にするという笹原氏のこだわりが感じられる部分でもある。

ひとつひとつが独立した作品!? 徹底的な小艤装の作り込み

これだけ精密な作品となると製作期間も大型艦で3ヶ月程度となってしまう。ひとつひとつの小物を丁寧に完成させることもモチベーションアップにもつながるということだ。短艇やパラベーン、対空火器や煙突、艦橋などはそれぞれ独立した作品ということで徹底的に手を加えて完成させる。笹原氏の作品の特徴のひとつは塗装からウェザリングまでこの段階で施してしまうことだ。これだけ精密なものだと船体に組み付けてからではウェザリングがほぼ不可能になる。これらの小さな完成品は製作後はケースにしまわれて保管される。机の上に出しっぱなしにすると埃がついてしまうからだ。

繊細度MAXの工作で作られるマストや電探類

平べったい空母の中でマストは目立つアイコンとなる。インジェクションプラスチックキットではどうしても成型の都合上太くなってしまう部分なのでここはディテールアップの必至ポイントとなる。メーカー純正のエッチングパーツなどが発売されているケースもあるがエッチングパーツではどうしても「板」となってしまうので真鍮線などを芯にして自作していくことが基本となる。非常に繊細な作業となるがここは作品でも目立つ部分でもあるので妥協できない。なお張り線だけは船体への取り付け後につけられる。

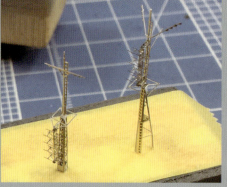

ディテールの組み合わせにより眼が追いつかないほどの密度感と情報量を出す

個別に製作した機銃や短艇類を配置した艦首、艦尾、舷側ブルワークなどはそれだけで1/700のダイオラマとして成立するクオリティで製作されている。フィギュアこそ配置されていないが、そこに人がいるかのように感じられるように構成されているのだ。
色遣いについても注目して欲しい。本来この部分はほぼ軍艦色、グレー一色となるはずだ。そこに明るい茶色の防弾用ロープ（細い金属線が撚り合わせて作られている！）や開かれた水密扉の裏側の白、銃座の近くの木製ベンチや土嚢などさまざまな色が使われており単調にならない演出が施されている。機銃ひとつとってもグレー一色で塗るのではなくシート部分は赤茶色に塗るなど全体の密度感をあげる工夫が盛り込まれているのだ。

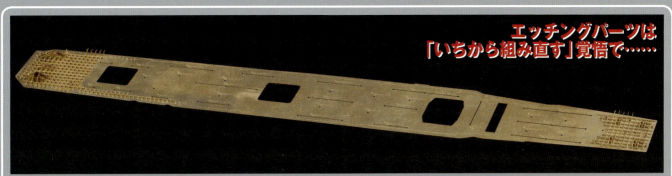

エッチングパーツは「いちから組み直す」覚悟で……

このような長いパーツは交差する部分で切り離す

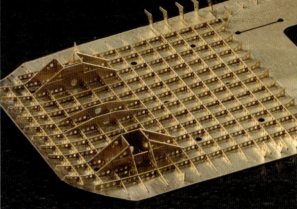

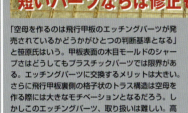

調整しつつ接着していく 短いパーツならば修正も容易なのだ

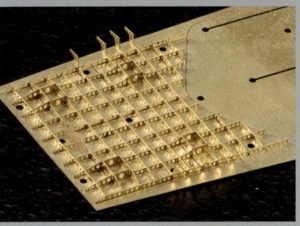

「空母を作るのは飛行甲板のエッチングパーツが発売されているかどうかがひとつの判断基準となる」と笹原氏はいう。甲板表面の木目モールドのシャープさはどうしてもプラスチックパーツでは限界がある。エッチングパーツに交換するメリットは大きい。さらに飛行甲板裏側の格子状のトラス構造は空母を作る際には大きなモチベーションとなるだろう。しかしこのエッチングパーツ、取り扱いは難しい。高価なパーツだから失敗したときの精神的なダメージも大きい。そこで笹原氏に格子状のエッチングパーツの取り扱い方法についてのコツを教えてもらった。格子状のパーツはどうしても歪みやすくぴったりと合うことのほうが少ないのだそうだ。そこで最初から交差する部分で切り離してしまいひとつひとつ独立したパーツとして調整しながら組むのがきれいに早く作るコツだとのこと。長いパーツのままきれいに組むのは難しいが、短くしたパーツならばストレスもなくきれいに組むことができるのだ。

▼▼ここで紹介する「瑞鶴」の最大のポイントは飛行甲板の木甲板の塗り分け。太平洋戦争前半の木甲板の塗り分け表現はこれまでの作例でも取り入れられているのだが、本作はさらに迷彩という要素がプラスされているのだ。左上の写真をご覧になれば鉄甲板部分(船体前部)と木甲板部分の表現の違いも把握できるだろう。

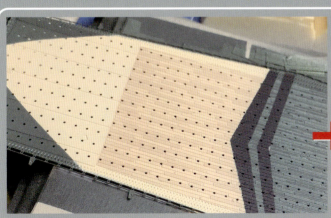

スケール感と雰囲気を両立するナノ・テクノロジーな塗装術

木甲板をフローリング状に塗り分けるだけではやや実感に欠ける。ここではさらに全体を落ち着かせるためのウェザリングも施されている。戦車模型ではよく知られた技法だが1/700スケールの艦船に取り入れるには非常に繊細なセンスが要求される。肉眼で見てちょうどいいと感じる程度までやるのはすでにやりすぎなのだ。カメラで撮影してもほとんどわからないぐらいの微妙な弱いウェザリングに留める必要がある。材料は戦車模型用のウェザリングカラーを使うが溶剤でほとんど見えないぐらいまでに希釈して要所へ塗っていく。肉眼では見ることはできないが「感じることができる」レベルで仕上げるのだ。

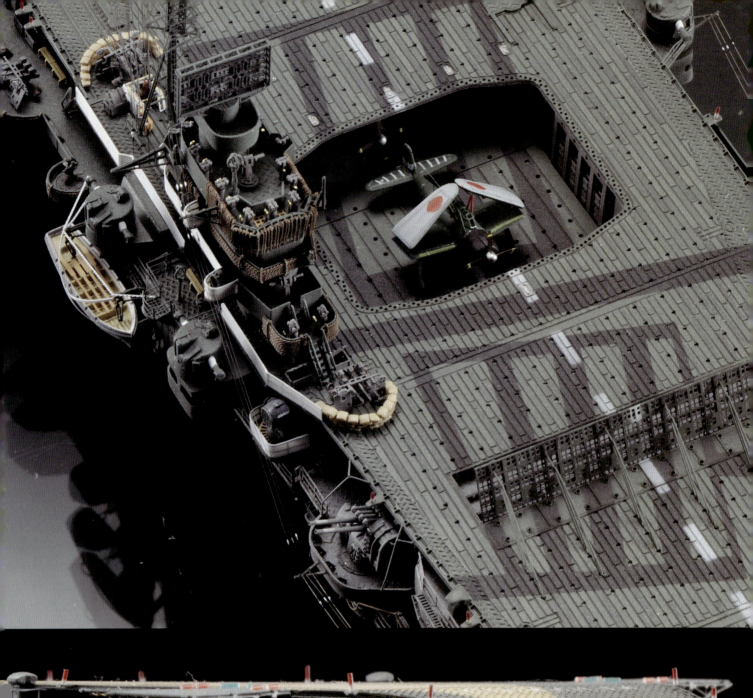

●艦上機はライオンロアのインジェクションプラスチックキット「日本海軍機セット1」「日本海軍機セット2」で製作。風防はレインボーのエッチングパーツと置き換えている。また艦攻／艦爆は後部風防を開けてそこに7.7mm機銃（照準器や弾倉などは拡大して見ないと、肉眼ではもはや確認不可能！）を配置するなど、出撃前の緊張感のようなものを演出している。

帝国海軍随一の幸運空母「瑞鶴」
迷彩をまとったその最期の姿

帝国海軍航空母艦
瑞鶴
1944年10月レイテ沖海戦時

迷彩をまとって最後の出撃に備えた日本海軍の空母

通常「迷彩」というと周囲の環境に溶け込むためのものが多い。だがこの「瑞鶴」などの空母が施していた迷彩は、進行方向や大きさを見誤らせて攻撃照準をずらす効果を狙ったものだ。とくに飛行甲板のパターンは商船のようなシルエットを船体軸線とはややずらして描いたデザインといわれている。「充分に効果があった」「艦中央に引いた白線などにより台無し」と効果には諸説あるが、レイテ沖海戦（そしてそれ以降）の日本の空母の大きな特徴である。右写真などのほか、レイテ沖海戦の1ヶ月前に撮影された映画『雷撃隊出動』でもこの迷彩を施した瑞鶴の姿が確認できる。

27

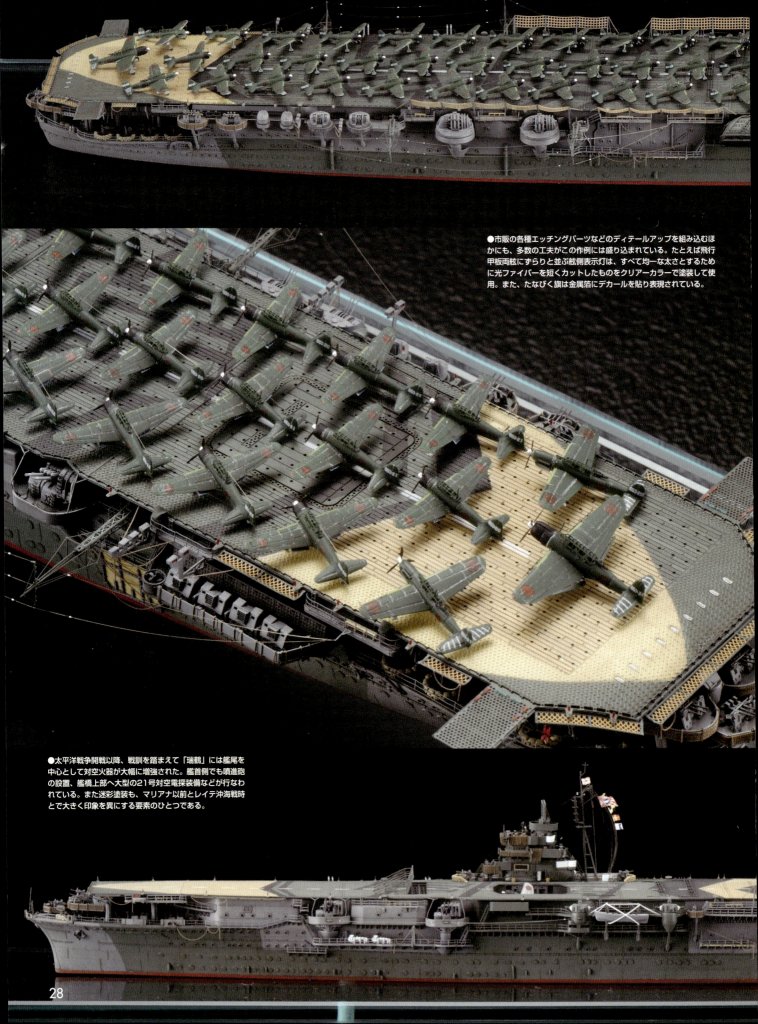

●市販の各種エッチングパーツなどのディテールアップを組み込むほかにも、多数の工夫がこの作例には盛り込まれている。たとえば飛行甲板両舷にずらりと並ぶ舷側表示灯は、すべて均一な太さとするために光ファイバーを短くカットしたものをクリアーカラーで塗装して使用。また、たなびく旗は金属箔にデカールを貼り表現されている。

●太平洋戦争開戦以降、戦訓を踏まえて「瑞鶴」には艦尾を中心として対空火器が大幅に増強された。艦首側でも噴進砲の設置、艦橋上部へ大型の21号対空電探装備などが行なわれている。また迷彩塗装も、マリアナ以前とレイテ沖海戦時とで大きく印象を異にする要素のひとつである。

「瑞鶴」は開戦直前に竣工した帝国海軍期待の最新鋭大型空母で、真珠湾攻撃時にこの「瑞鶴」を発艦した飛行隊は全機帰艦。それ以降、数々の主な海戦に参加してその強運ぶりを発揮し幸運の空母と言われました。しかし、レイテ沖海戦ではフィリピンのレイテ島に突入する栗田艦隊を援護するために囮機動部隊として出撃、最期の時を迎えました。この武勲艦である「瑞鶴」を帝国海軍機動部隊最後の出撃状態で製作したいと思い、特徴的な迷彩塗装の再現と航空母艦の主力兵器である艦上機にとくに注力しながら徹底的に工作しました。色のチョイスや迷彩のライン、各種防弾装備などについては資料のほか個人的な想像もまじえ取り付けています。

キットについては、タミヤとフジミの2社から発売されています。どちらも甲乙つけがたい好キットですが、艦橋の形状など細部のディテールが発売年時期の新しいフジミ製品のほうが扱いやすいと思い、ベースとして選びました。

まず船体の基本工作工程で、甲板上の各種モールド、船体横の舷窓モールドをすべて取り払い、舷窓は0.45mmピンバイスで穴を開け、ライオンロア製エッチングパーツをひとつずつ貼り付けていきました。舷外電路などのモールドもすべてエッチングパーツに替えています。船体舷側の外鈑の表現についてはサーフェイサーの厚塗り吹き付けによりできる段差とスジ彫りの併用で再現しています。艦橋はキットのパーツをベースにしていますが、これは開戦時仕様になっていますので、細部を図面や資料をもとにプラスチック材などで形状を変更し、各種汎用エッチングパーツにてディテールアップしています。艦橋はメインの見せ場ですので、窓に透明プラ板を内側から貼り付けて、窓ガラスの雰囲気を出すようにディテールアップしてみました。煙突については、モールドをすべて削り、両脇の蒸気捨管も真鍮パイプなどで再現し、モンキーラッタル＆ジャッキステーを汎用エッチングパーツで追加しています。

各種対空火器は12.7cm連装高角砲はファインモールドのナノ・ドレットシリーズのパーツをベースに、汎用エッチングパーツとアドラーズネスト製真ちゅう砲身で追加工作して仕上げています。25mm3連装機銃はベテランモデル社のエッチングパーツを使用。積載艇各種についてはレインボー社製品を使用しました。エッチングパーツの扱いがやや大変ですが、それに見合う精密感があると思います。

飛行甲板はまるまるフライホーク製エッチングパーツセットの飛行甲板に置きかえています。フジミのキット用に設計されているので基本的に取り付けは問題ありませんが、最後尾に両舷から伸びている支柱（3本）部分は合いが悪いので仮組みして調整する必要があります。作例では一部パーツを自作し製作しています。また、汎用パーツを使いエレベーターを下げて格納庫内も一部再現しています。

迷彩塗装は、グリーン系の塗料はピットロードから発売されている対潜迷彩カラーセット、黒っぽい部分はジャーマングレー、一部にある木甲板部分はタンをベースにしています。とくに今回は迷彩部分を各色一色でべた塗りするのではなく、色彩を変えた3色〜5色でそれぞれランダム塗装として、木甲板の上から迷彩を施したように見えるようアレンジしました。

艦上機は予備機を含めて艦上攻撃機天山6機、艦上爆撃機彗星5機、零戦21型18機、零戦52型18機の合計44機製作しました。各機種ともライオンロア社製キットをベースとし、エッチングパーツでディテールアップしています。空母の作例では艦上機は欠かせない存在ですので、自分なりに徹底的にディテールアップしました。とくに艦上攻撃機天山には力を入れました。電探装備仕様の機体とエレベーター収容機は主翼を畳んだ状態で製作しています。

艦底色はGSIクレオスのMr.カラー、軍艦色はガイアノーツの呉海軍工廠色を使用しました。汚しは、GSIクレオスのMr.ウエザリングカラーを使用。この製品は粒子がこまかく、1/700でも違和感がなく扱いやすいのでおススメです。空中線・張り線は0.04号の金属製テグスを使用し、碍子などを再現し取り付け。ウェザリング完了後にツヤ消しクリアーを吹き付けて完成です。

冒頭のインタビューや前ページまでの「瑞鶴」をご覧になった読者の皆さんは「このような精密な作品はどのような場所から生み出されるのだろうか」と興味をもたれたに違いない。そこでここに笹原氏が実際に艦船模型を製作しているお部屋を紹介しよう。カメラでクローズアップしてやっと追いきれるほどの超繊細な模型ではあるが特別な実験室のような部屋ではない。しかしそこには氏ならではの工夫が満ち溢れている

1/700艦船模型に特化した笹原氏の部屋を大公開
ナノ・テクノロジー艦艇はここから誕生する

●作業部屋の広さは8畳ほど。この部屋とは別に塗装ブース（こちらは6畳ほどの物置のうち、2畳ほどのスペース）を確保している。作業部屋で工作したら塗装ブースへと移動、塗装したらすぐに乾燥ブースにしまい乾燥までのタイマー（約30分）をセット、再び製作部屋で乾燥するまでの間作業するというサイクルで平日は毎朝4時から数時間工作を続けている。

笹原氏は現在、1/700スケールの艦船模型（およびその搭載機など）をメインに製作している。他ジャンルの模型は作っていないし、艦船模型でも1/350スケールのものなどは手がけていない。笹原氏の製作部屋はこの1/700の艦船模型製作に特化させてチューンナップされているのだ。
まず一見してわかるのは床。絨毯などはひかれておらずむき出しのまま。これは微細なパーツを落としたときにすぐに見つけられるようにするためだ。
照明にも特徴がある。天井に配置された通常の照明以外に卓上のデスクライトなどを併用されている方も多いが、笹原氏はこれを5台同時に使っている。多方向から照明をあてることにより作業時に影になる部分をなるべく減らそうという工夫だ。
作業台は、とにかくこまかい作業が多いので、背中や腰を丸め続けて痛めないように工夫されている。小さな台を机上に設置してそこを作業スペースとしているが、これはスイスの時計職人の作業環境を参考にしたもの。対象物に目や手を近づけるのではなく、逆に対象物のほうを近づけるわけで、笹原氏はこのスタイルで腰痛知らずなのだそうだ。
またタイムロスをなくすべく、必要なものは作業スペース周囲に集中配備し、道具もまとめて木箱へ。汎用エッチングパーツ類も各一式を車輪付きの台に揃え机の脇に置き、製作中すぐに取り出せるようにしてる。1分1秒が惜しいので、必需品は切らさないようにまとめ買いを心がけており、とくにエッチングパーツは絶対に必要なうえに入手できるタイミングが不確定なので、店頭やインターネットで見つけたらストック分を含めて多めに確保するようにしている。

作業スペースのほうを
目の近くへ寄せるんです！

机面から約20cm
上げるのだ

机にこんなもんあったら
邪魔じゃないの？

▲ホームセンターでなんとなく買ったという書類ケースで高さを稼いでいる。引き出しにはマスキングテープや汎用のレジンキャストパーツ、アドラーズネストのパーツなどをストックしておき、作業中にすぐに取り出せるようにしている。

◀工具類はインターネットショップ「ジーパーツ」で購入した木製スタンドに収納している。このスタンドの下に木の台をセットして、頻繁に使うモーターツールやナイフなどを置いている。

▼作業中にも頻繁に確認しては戻すという作業が発生するため、とくによく使う資料は座ったまま手の届く位置に置いておく。

液体はビンに移し替え

▲うすめ液は、種類別にスポイト付きのガラス製の小ビンに移し替えてある。ボトルから、こぼさないように注意しつつ都度出していると集中力が途切れてしまうため。

資料は取りやすくしまいやすく

イラスト／もやし

◀ホームセンターで見つけた、メーカーも使用目的も不明な木製足付きまな板状のもの。おおむね寿司1貫分程度の大きさ。ここにマスキングテープを貼り付けておきパーツを貼りつける。作りかけのパーツは作業スペース近くの棚（@あたり）に、作り終わったパーツは上記写真の⑥のなかに置いておく。

極小パーツ取り扱いに超役立つ！

◀途中まで製作が進んだブロック（艦橋や煙突、艦載機、内火艇など）はそれぞれケースに収納して保管。机の上に出しっぱなしだと埃をかぶってしまうため。この白いケースはニトリで買ったもの。塗装したパーツも同様に乾燥ブースにすぐ保管。埃がつかないように細心の注意を払っている。

完成したブロックは埃がつかないよう保管

▼大量に購入されたエッチングパーツは整理されて引き出しに格納されている。

つい物を押し込んでしまいがちな机の下も電気のタップ以外に何もなし。

▲第二の目ともいうべきiPadは手元に保管。一工程終わるごとに撮影してチェックしている。デジカメで撮影したのと違って撮影したあとすぐにモニターで拡大して見ることができるのでミスが見つけやすいのだ。

塗装は別室で

塗装したパーツは乾燥ブースにすぐ格納

排気を考慮し道路に面している物置きに設置。塗装ブースは「タミヤ スプレーワークペインティングブースⅡ ツインファン」。エアブラシはGSIクレオスの「プロコンBOY WAトリガータイプ ダブルアクション」0.3mmと0.5mm「Mr.エアブラシ カスタム」0.18mmを使い分けている。コンプレッサーはGSIクレオスの「PS254Mr.リニアコンプレッサーL7」。ホコリ対策も兼ねGSIクレオスの「GツールGT04 Mr.ドライブース」で乾燥。

31

1/700スケールを超える超精密模型……いったいどうすればあのような精密な工作が可能となるのか……？
その秘密のひとつは笹原氏が使っている工具にある。いくら目が良く手先が器用でも精密加工に適した工具を持っていなければお話にならない。ここではいままで秘伝とされてきたオリジナルの工具なども含めて紹介しよう。これらを使ったからと言っても「誰にでも」「すぐに」精密工作が可能になるわけではないが、そこに近づく第一歩になるはずだ

目に見えない工作技術/ナノ・テクノロジー工廠
1/700限界を超える脅威の工作力の秘密に迫る
笹原大の超精密工作を支える工具一覧

ベテランモデラーに工具のお話を聞くと必ず「ニッパーは良いものを使おう」と言われる。そう。ニッパーとピンセットだけは安いものではダメなのだ。最低でも1000円を超える値段のものを用意したい。笹原氏が愛用するのはおもにゴッドハンド製。非常に切れ味の鋭いニッパーだが消耗品と考え、切れ味が落ちてきたらすぐに新しいものに変えるという。そういった柔軟さも必要なのだ

ニッパー/ただ切ることができればいいというものではない！

■マスキングニッパー
マスキングテープを切断するためのニッパーです。各種マスキング時に大変重宝しています。ニッパーなので、ギリギリのところで切断できるのが最大の特徴です。木製台座にマスキングテープをセットするときなど大変重宝しています。（ゴッドハンド製）

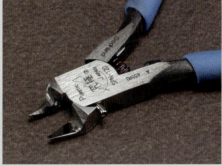

■アルティメットニッパー
皆様ご存知のニッパーです。プラパーツのゲート処理からはじまりほとんどのプラ材切断はこのニッパーを使用しています。使用頻度が高く落下事故などで刃が折れてしまったりするので現在のものは4代目です。（ゴッドハンド製）

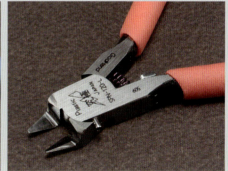

■アルティメットニッパー（左用）
アルティメットニッパーは、切れ味に特化しているので片刃のニッパーです。色々と使用している中で「刃が逆の方が切りやすい！」という事が度々あるので、通常のアルティメットニッパーとは刃が逆の左用も用意して状況に合わせて仕様しています。（ゴッドハンド製）

■アルティメットニッパー　エッジ
刃に約45度の角度がついた両刃のアルティメットニッパーです。ゲートの細かいところや、甲板上のモールド撤去、艦載機の風防撤去等に威力を発揮しています。（ゴッドハンド製）

■メタルラインニッパー
金属用のニッパーで、真鍮線やエッチングパーツの切断に活躍します。特に汎用エッチングパーツを使用した自作パーツを加工する際にこのメタルラインニッパーを重宝しています。このニッパーも比較的使用頻度が高いので2代目になります。（ゴッドハンド製）

■特殊超先細薄ニッパー イノーブ ニッパー
刃先が極細の特殊ニッパーで、張り線や細部の修正時に威力を発揮します。メタルラインやエッチングパーツにも使用できます。ただ、特殊な刃なので切断するときにちょっとしたコツが必要になります。（シモムラアレック製）

掘削用工具／使いやすくアレンジ！

掘削用の工具、タガネはキットのモールドを切り落としたりするのに頻繁に使用される。切れ味の鈍いものを使えば、手元が狂い目指しているディテールとは異なる部分を傷つけてしまう可能性がある。笹原氏が愛用するのはスジボリ堂のBMCタガネ。これをオリジナルの柄の短いホルダーにセットして使っているのだ

タガネ

■BMCタガネ
スジボリ堂製品のスジボリ用BMCタガネは本来の用途であるスジ彫り以外に切れ味のよさ、各種サイズの豊富さから彫刻刀のような使い方でプラ材加工に大変重宝しています。艦載機のコクピット掘りや艦橋などのハッチオープン用の穴開け時に威力を発揮しています。(スジボリ堂製)

■タガネホルダー
モデラー仲間の拳王さんオリジナルのBMCタガネ専用のホルダーです。艦船模型の製作上、細かい作業が多いので取り回ししやすく、力も入れやすい様に短めのサイズに調整していただいた逸品です。このホルダーのおかげで各種工作の精度が飛躍的に向上いたしました。(拳王さんオリジナル※非売品)

ピンバイス＆ホルダー

ピンバイスは最小0.15㎜から2㎜まで0.05㎜ピッチで用意しています。特にジャッキステーを差し込んだり、エッチングパーツ・真鍮線をはめ込むのに0.05㎜の余裕が大変重宝するために必需品となっています。ホルダーはやはり拳王さんにお願いして、タガネホルダーと同じように私の手になじむようなサイズに調整していただいた特別なものです。0.15㎜という極細の刃でもこのホルダーのおかげで折ることは滅多にありません。(拳王さんオリジナル※非売品)

スクリューポンチ

■スクリューポンチ
艦載機の日の丸デカールの切り抜きに使用します。このポンチ最大の特徴は押すことにより、刃がスクリューのように回転するため、軽い力できれいな円形に抜ける点です。刃のサイズも豊富にありますので、おススメです。また、円形のプラ材を打ち出すときにも使用しています。艦載機の日の丸用に1.0㎜、1.2㎜、1.5㎜を特に使用しています。詳しくは艦載機製作の項(P38～)をご参照ください。(野中製作所製)

リベットルーラー

■特殊リベットルーラー
「1/700サイズでも艦橋や煙突などにリベットを再現出来れば精密感がアップするのではないか？」との思いから無理を承知で拳王さんに相談して完成したのがここで紹介する極小リベットルーラーです。当初不可能と思われましたが、拳王さんの熱意と工夫により完成した逸品です。使用してみると1/700というサイズにマッチした素晴らしいリベットが表現できます。刃の径は二種類あり、比較的大きなものに打ち込む大型と細かいところに打ち込む小型を使い分けています。
（拳王さんオリジナル※非売品）

1/700艦上機用リベットルーラー!?　ピッチ幅0.2mm……意味不明

先端は差し替え可能

モンキーラッタル取り付けマーキング治具

等間隔にラッタルを設置するための専用工具

エッチングパーツのモンキーラッタルを取り付けるときはあらかじめ等間隔になるようにプラスチックに目印をつけます。その場合これまではリベットルーラーを使用していましたが、奥まった隅の部分に円形のリベットルーラーが届かないことが多く、拳王さんに相談して作っていただいた治具になります。この形であれば角の隅の方まできっちりマーキングできるのでとても重宝しています。（拳王さんオリジナル※非売品）

ナノ・テクノロジーを実現するための工具のマイスター＝拳王！

北海道のライターさんに紹介してもらったのが知り合うきっかけで自分で適当に作った工具を差し上げたところからのお付き合いです。工具のカスタムは「別途相談」みたいな話はしたと思います。基本メールのやり取りだけで工具を作っています。笹原さんからのメールの始まりは2種類で「お願いがあります」から始まるものはそれほど難しいものはなくイメージだけで作れますが「質問があります」から始まる依頼はかなり厄介なものが多いような気がします。あれだけ精密な作品を作られるのでこちらもそれなりの精度では作らないとダメだなというところは気を付けています。今まで苦労したのはリベットルーラーとモンキーラッタル取り付けマーキングの治具でした。ルーラーに関しては「海外製で0.5㎜間隔のものはあるんですけどもっとピッチの細かいもの、0.2㎜のものはできないですか」と聞かれて……「実際にそんなの使うの？」って思いましたが「穴が4角でいいならできると思いますよ」と答えました。すると「海外製はちゃんと穴が丸になるんですよ。国産のものは試してみましたが丸で打てるものないんすよね」と言われて……「あら嫌なことサラッと言うのね」と思いちょっとムキになりましたね（笑）。
穴が四角くていいのなら機械で寸法を出して削ればできると踏んでいたのですが、角が丸くなるようにするには普通の方法では無理です。機械式の時計をバラバラにして歯車を取り出して加工したりしていたんですがどうしてもうまくいかなくて……結局ダメ元で機械で形を作って実体顕微鏡で見ながら刃の角を落としていたら神が降りてきたって感じです。結局作るのに半年以上かかっちゃいましたがなんとか笹原さんに合格点をもらうことができました。一度出来てしまったあとは慣れなんでそのあとに「さらに小型化できないか」って話がきた時は一発でできたんですけど、それまでは本当に悩まされました。
笹原さんは基本的に妥協するという言葉は持ち合わせていない人だと思うのでこちらもあまり変なものは出せないよな、なんて思ってます。趣味で作ってるんでそんな難しいことは考えてないはずですけど笹原さんの1ファンとしてこれからも付き合っていければ楽しいかななんて思っています。（拳王）

先端はこのようにギザギザの刃が等間隔で付いている

▲この写真を見ればわかるとおりリベットルーラーでは段差のついたパーツのモンキーラッタルに届かないことがある。モンキーラッタル取り付け治具を使えば段差のあるような角の部分でも使えるのだ。

▼リベットルーラー……肉眼では見えないので「何のことをいっているんだ」と思われるかもしれませんが航空機のリベット表現などにも使用されています。下の写真は近作の九七式飛行艇。カメラで撮影しアップにするとちゃんと丸い穴が空いています。

拡大してみるとたしかに丸いリベット穴が見える！

ピンセット

ピンセットはさまざまなメーカーからたくさんの製品が出ていますが、色々試して個人的に思ったのはやはり値段と比例して精度が高いという事です。ピンセットは細かいパーツをつかむだけではなく、ちょっとしたエッチングパーツの折り曲げ加工にも威力を発揮しますので、剛性と精度はとても重要になります。私は主にスイス製のピンセット（8000円～）を愛用しています。先が極細のものから幅広のものまで用途に応じて使い分けています。工具全般に言えることなのですが、個人の使い方によって合う合わないがあるので、ご自身で手に取ってみて最高の相棒を見つけてみてください。

ヒートペンで瞬着の掃除

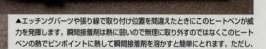

▲エッチングパーツや張り線で取り付け位置を間違えたときにこのヒートペンが威力を発揮します。瞬間接着剤は熱に弱いので無理に取り外すのではなくこのヒートペンの熱でピンポイントに熱して瞬間接着剤を溶かすと簡単にとれます。ただし、プラモデル本体を溶かさないようにくれぐれもご注意ください。（ファンテック製）

◀▼最近のエッチングパーツは精度が一段と向上し、その分加工するための難易度も上がっています。様々な加工を高度度で行なわなければならないために、色々な工具で対応しています。こちらの幅広の超精密特注ベンダーピンセットもその一つです（幸和製）。ネット上で検索して試してみたいと思い購入してから愛用しています。主に長めのエッチングパーツの折り曲げ加工に重宝しています。

エッチングパーツ加工器具

小さなエッチングパーツを摘んで加工

簡易パレット

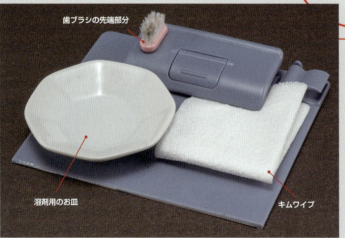

- 歯ブラシの先端部分
- 溶剤用のお皿
- キムワイプ

▶エッチングパーツを切り出すための台として使用している表面がガラス状のタイル。柔らかいカッティングマットでは切り出すときにパーツ本体が曲がってしまうためです。当然、切り出し時に使用するカッターの刃はすぐに刃こぼれしてしまうというデメリットもありますが、パーツをゆがめないために使用しています。また、表面がガラス状の方がパーツの取り回しがしやすいのです

◀このパレットは尊敬する世界的なAFVモデラーの吉岡和哉さんの講習に参加させていただいたときに吉岡さんが使われていたものを教えていただき、自分流に作ったものです。お皿には溶剤用で塗料との調整に使い、クリップでキムワイプを挟んで筆の汚れ落しなどに使います。歯ブラシの先端部を取り付けているのは、筆先についた埃などを落とすときに使うためです。

色については、エッチングパーツがよく見えるものにしています。

埃除去用筆

▲細かいパーツを組み上げていく過程でどうしてもついてしまうのが削りカスや埃です。せっかくの精密工作もこれらがついたまま塗装してしまうと写真でアップした時に残念な画像になってしまいます。ある程度組みあがったらこの様な埃払い用の筆やゲルクリーナー（クレオス製）を使用して極力排除するようにしましょう。

柄が短いのがポイント

ヘッドルーペ

精密工作に欠かせないのがこのヘッドルーペです。実体顕微鏡など色々と試してみたのですが、全体のバランス・水平垂直の確認など全体を見ながらの製作過程が多いため、ヘッドルーペに落ち着きました。

タミヤ製のヘッドルーペは入手も楽ですし、レンズも良いので個人的に気に入っています。レンズが汚れたりするので大体2年に一度交換する感じです。

瞬間接着剤用治具

エッチングパーツを取り付けるほとんどの場合、瞬間接着剤を使用しなければなりません。この瞬間接着剤を細かいパーツに適量付けることが上手くできるようになれば製作もグッと楽になります。その為の工具を試行錯誤しながら考案いたしました。比較的手に入りやすい0.08mmの銅線とご家庭によくある爪楊枝を使ったリーズナブルで扱いやすい治具です。この治具の利点は銅線なので先を曲げて奥に接着剤を付けられたり、接着剤が乾燥して先が玉状になればカッターなどで簡単に切り取れる点です。よろしければ是非お試しください。

瞬間接着剤をきれいに使うための必殺アイテム

▲先端が自由に曲げられるので奥まったパーツの接着にも便利。仮止めしてあとから少量接着剤を流し込むこともできる

先端が曲がる！

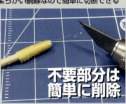
▲先端に瞬間接着剤のカスがたまってきたらナイフなどで先端を落とせばOK。柔らかい銅線なので簡単に切断できる

不要部分は簡単に削除

一度使い出すと手放せない笹原流瞬間接着剤用治具の作り方大公開

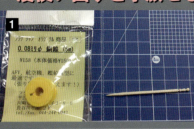

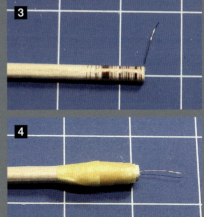

①用意するのは爪楊枝と0.08mm～の銅線です。0.08mmでは細すぎると思う方は0.1mmなどご自分の扱いやすい太さでかまわないと思います。私も銅線の太さを変えて数本用意して使い分けています。

②爪楊枝の先端を切り、先端から1cm程度のところにピンバイスで穴を開けます。なぜ1cm程度のところかと言いますと、これ以上長く巻くと、使用中に引っ張って長さを足すときに引っ掛かりやすくなるためです。

③穴に銅線を通して順次巻き付けていきます。この時、丁寧に巻いていってください。重なったり交錯して巻き付けると、長さを足すのに引っ張ると引っ掛かって長くならなくなります。

④巻き終わりましたら、マスキングテープを巻き付けて完成です。マスキングテープのおかげで適度に締め付けられます。先端を切ったりして長さが足りなくなった時には銅線を引っ張り出して調節してください。この銅線の先で瞬間接着剤をすくい取って、各種パーツにとりつけていくと接着剤をはみ出すことがかなり少なくなります。

アフターパーツはたくさん揃えておき厳選して使う！

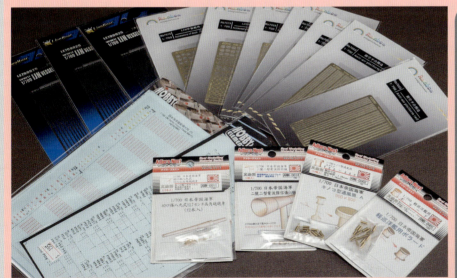

笹原氏のアイデアから生まれたエッチングパーツもある！

笹原氏が弊社の通販のお客様だった頃からのお付き合いになります。リクエストや意見などを頂き、その多くが製品にも反映されています。しかし笹原氏が求める物を全て製品化することは難しく、一般的な認知度、販売価格や組み立て時の難易度を考えると、ある程度の線で妥協する必要がありました。そこでより笹原氏の作品の完成度を高めるお手伝いをするために、一般性を無視した特注品の開発と供給も行なう事に致しました。それらの特注品は、市場による需要を無視したアイテムかつ一段階シビアな勘合寸法を採用するため、組み立てにも高倍率のルーペと豊富な経験が必須と成ります。試作レベルの製作だからこそ、無理を承知で設計し工場にも限界値で加工をして貰います。しかし、どれだけ手間をかけてもそれは無機質な部品でしかありません。
そんな部品を昇華させる事が出来る人に巡り合えた事が私の幸運だったのです。故に私は今後とも笹原氏を応援致します。
(株式会社アドラーズネスト 代表 小林 正幸)

●現在、多種多様なエッチングパーツ、レジン製パーツなどが発売されていますので、毎朝インターネット等で新製品のチェックをしています。特に汎用系のパーツは新製品が出た場合には購入し、直接手に取って確認し、使用するとどのような感じになるかチェックします。やはり画像だけでは感じがつかみにくいから。気に入った製品は、まとめて買うように心がけます。外国製品は突然入手が困難になる場合があるので、大変気を使います。

各種砲身や艦載機のプロペラ＆スピナーなど超精密な真鍮挽物を製品化しているアドラーズネストは特におすすめのメーカーです。砲身も図面から確認して正確に1/700で再現されています。また、航空魚雷などこだわった特殊製品も多く国産品なので入手しやすい利点も大きいです

超精密な艦載機の㊙テクニックをすべて公開!
ナノ・テクノロジー流艦載機の作り方

笹原作品の魅力のひとつともいえる艦上機、艦載機。色調的にグレーが中心となる艦船模型においてこれらの搭載機は作品に目を引きつけるアイコン的効果がある。しかしあれほど精密な搭載機はどのようにして作られるのだろうか。ここでは笹原流のディテールアップ奥義をすべて公開しよう

零式水上偵察機を例にディテールアップ方法をご紹介します。今回は静岡模型教材協同組合のウォーターラインシリーズの大型艦兵装セットにある機体を使用します。このキットは金型が古いとはいえ、プロポーションは良く手を加えるととてもいい機体に仕上がります。

機体横にあるパーティングラインをカンナ掛けの要領で消していきます。カウル付近にもありますので注意してください。このラインは塗装後に結構目立つので重要な工程の一つです。きれいに処理しましょう。私はファンテック製品の超硬スクレーパーで整形しています。

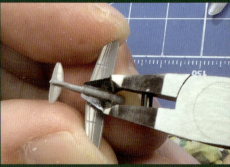

風防部分をニッパー等できれいに切り取ります。まず根元を少し残す感じで切り取り、それからカンナ掛けの要領で整形すると失敗が少ないと思います。ニッパーはゴッドハンドのアルティメットニッパー エッジを使用しています。

機体の良いプロポーションを損なわないよう主翼・尾翼の厚みの下半分を削り薄くするようにします。写真で右側が施工後です。主翼の表側はパネルラインのモールドなどがあるため削りません。

主翼等を削る時は写真の形状のビットで大まかに削り、やすり等で整形して仕上げていきます。この作業の注意点は、主翼を薄く削ることに集中しすぎて翼端まで削ってしまうことです。少し削っては一旦、手を止めて主翼全体を確認、翼端を削らないように注意してください。とくに水平尾翼はミスしやすいので気をつけて下さい。

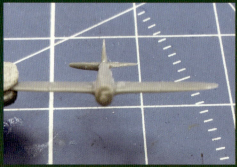

主翼が完了したら尾翼も削ります。写真は左側がもとのままで右側が加工後の状態です。尾翼も厚みはかなり目立ちますので、薄くします。

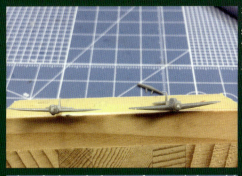
主翼・尾翼の加工が終わったもの（左側）とノーマル状態の比較です。薄くする作業でかなり印象が変わることがご理解いただけると思います。

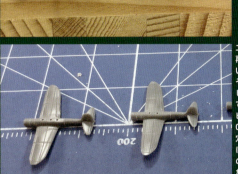
エッチングパーツで風防を再現するとコクピットがないことには違和感が出ます。そこで、コクピットを再現します。まずはニードル等で三座の位置を決めてから、ピンバイス（0.45㎜〜0.5㎜）で穴を開けます。穴を開ける位置決めも慎重に行なってください。最初の位置が歪んでいると修正が難しくなります。

その穴にスジボリ堂のタガネを利用して四角くコクピット状に掘っていきます。もちろん四角い穴が整列していないといけません。慎重に掘ってなるべくずれないようにします。削り終えたら、タミヤ製のタミヤセメント（流し込みタイプ）などを使い、バリやプラスチックの削りカスを溶かして整形します。

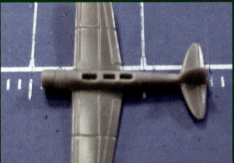
写真のように3つの穴がきれいに並ぶようになればOKです。機種によって形状は異なりますが穴が丸くならないように気をつけて下さい。

コクピット加工をした機体（左側）と未加工の機体に風防を載せて比較してみましょう。エッチングパーツの風防のおかげでコクピットの有無の効果がハッキリわかります。

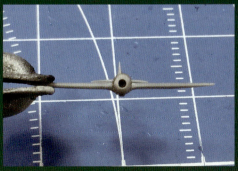
カウル先端に穴を開けます。これもニードル等で位置を決めてからピンバイスで穴を開けます。最初に0.5㎜位のピンバイスからスタートして徐々に径を大きくしながら位置を確認して、穴を広げていくイメージで作業すればうまくいくはずです。一発で開けようとすると失敗の確率が高くなります。

エンジンカウルにエッチングパーツ（レインボー製）でカウルフラップを再現します。このパーツはカウルに巻き付けるように取り付けます。この作業は慣れが必要ですので何度もチャレンジしてコツを習得してください。取り付けにはゼリー状瞬間接着剤を使用しています。

カウルフラップを取り付けた状態です。取り付けたフラップに歪みがないかiPadのカメラ機能で撮影、拡大して何度も確認をします。艦載機に限りませんが確認作業は精密工作の大きなポイントの一つです。カメラで画像チェックすると肉眼では気が付かない歪みなどが発見できます。

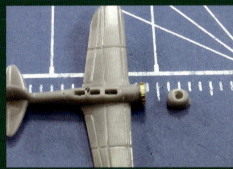
今回はエンジン点検中を再現するためカウル部分を切断します（ここまで再現しない方はカウルは切り離さなくて結構です）。デザインナイフの刃を切れ味の良い新品のものに変えるなどして水平垂直を注意しながら切断します。

切り離したカウルは点検用ハッチ部分がありますので、さらに約半分のサイズに切り分けます（左の状態）。この作業には切れ味の良いゴットハンドのアルティメットニッパーを使用します。

カウルハッチはプラペーパーの0.1㎜を使用し曲面の癖をつけて製作します。一機につき、メインハッチの長めのもの二個、下側のサブハッチ二個で計四個作ります。

この段階で座席もプラペーパーで製作します。風防をエッチングパーツに交換するとコクピット内はよく見えますので座席もできるかぎりきれいに塗り分けましょう。下の写真は座席をコクピットにおさめた様子です。

レインボーの汎用エッチングセットにエンジンがありますので、それを組み立てて塗装します。かなり繊細なパーツですので慎重に作業しましょう。写真のように真鍮線（0.5㎜〜）を取り付けて作業すると便利です。

39

せっかくコクピットを作っても、風防をきっちり取り付けられないと意味がありません。風防のエッチングパーツは慎重に何度も仮組みして破綻のないように取り付けます。まずは風防の製作法を見てみましょう。

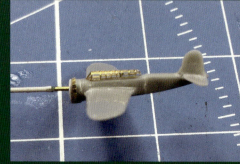
整形した風防を機体に取り付けます。この時に何度も機体と合わせて調整し、隙間ができないように気をつけて下さい。歪んで取り付けたり、一部浮いていたりすることのないようにカメラで撮影して全方位からチェックします。風防が歪んでいる場合は諦めて新しく作り直しましょう。

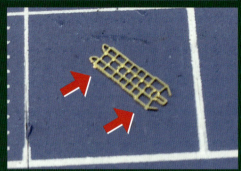
エッチングパーツはどんなにきれいに切り出したつもりでも、よく見ると矢印の先のようにバリが残ります。これを処理しないと、きれいに合わせることは不可能です。このようなゲートやバリの処理は精密に艦載機を作る上でとても重要です。

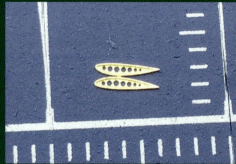
こちらのパーツは主翼折り畳み部分を再現するエッチングパーツです。通常はこのようなパーツ状態のまま取り付けると思いますが、私は上下を分割してそれぞれを貼るようにしています。

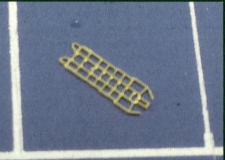
こちらがバリを処理したパーツです。少しの差と思われるかもしれませんが、1/700サイズの模型製作にはこの精度が必要不可欠になります。プラスチックの場合は接着剤で隙間は溶けて消えることがありますがエッチングパーツでは隙間は残ったままです。ダイヤモンドヤスリやGSIクレオスのMr.ポリッシャーで削り、処理します。

写真が機体側の断面パーツを取り付けた状態です。注意点は瞬間接着剤を付けすぎてせっかくのモールドを埋めることのないようにすることです。少量の接着剤をすくい取るには37ページで紹介した自作の瞬間接着剤用の治具などの利用がおすすめです。

整形が終わったら風防の折り曲げです。このパーツをピンセットで曲げると、どうしても均一な風防とはなりません。そこで写真のような自作の治具を使います。治具は真鍮線をハンダで組み合わせて製作したものです。ここでは2㎜の真鍮棒（持ち手部分）に0.8㎜の真鍮棒を組み合わせて調整したものを使っています。

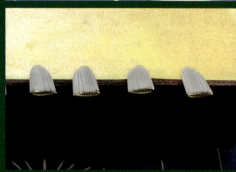
こちらが折りたたまれた主翼の先端部分です。ここでも注意して断面パーツを取り付けます。エッチングパーツと主翼断面がずれていないか慎重に取り付けていきます。

下に柔らかい素材の台を敷き、押しつけて形を形成します。この作業はコツがいりますので練習が必要ですが、一個一個ピンセットで曲げていくよりはるかに効率的です。

ここから塗装の工程に入ります。主翼断面に青竹色を吹き付けてから、マスキングして機体を塗装します。基本の機体色はエアブラシによる吹き付けです。

この方法で風防のエッチングパーツを加工する利点は風防の天井にもゆるやかなアールがつくことです。実機の風防の上面は平らではありません。この治具を使えば実機の形状に近づけられます。

青竹色を吹き付けた主翼端部の断面です。ここに薄く墨入れしてモールドを浮き出させることにより精細感が増します。エッチングパーツにはプライマーを吹き付けていますが、断面部分は塗装が剥げやすいので取り扱いにはとくに注意してください。

フロートの塗装です。上部の緑色、下部の灰色、上部中央の灰色の順番で塗り分けて吹き付けます。ここで使用するのが練り消し系の粘土です。この粘土を利用してマスキングするときにきれいに塗り分けられます。

胴体部分の日の丸は、1.2㎜径の白デカールの上に1.0㎜径の赤デカールを貼っています。この状態でしっかりと乾燥させます。この時のデカール部分はとてもデリケートなので扱いには特に注意してください。

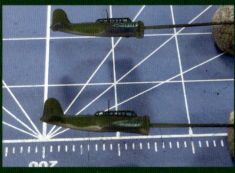

機体の上部と下部の境目を筆で塗り分けます。境目をきっちり出すことによって精密感がアップします。上がエアブラシで塗装したままの状態で、下が筆で境界部分をリタッチした機体です。

主翼の日の丸も同様に仕上げます。白い丸の中央に赤い丸がくるように慎重に位置決めしてください。

日の丸などのマーキングはデカールを使用します。きれいに打ち出したいので丸いデカールは愛用のスクリューポンチで抜いています。このポンチはきれいに正円で打ち出せるのでとても便利です。

フロートにも極細に切り出したデカールで線を再現していきます。小さな曲面に極細のデカールを貼るので、デカール軟化剤を使って柔らかくして密着させます。

主翼の日の丸の白フチを再現するためにまず、1.5㎜径で白いデカールをポンチで抜いて貼ります。乾燥後に赤で1.2㎜径のデカールを抜き、白いデカールの上に、位置を微調整しながら慎重に貼ります。

主翼部分や尾翼、味方識別の黄色い帯など全てデカールで再現しています。塗装よりもデカールのほうがきれいな直線となります。肉眼ではほとんどその違いはわかりませんが塗装の場合はカメラでクローズアップした際に塗りムラや歪みが見えます。

41

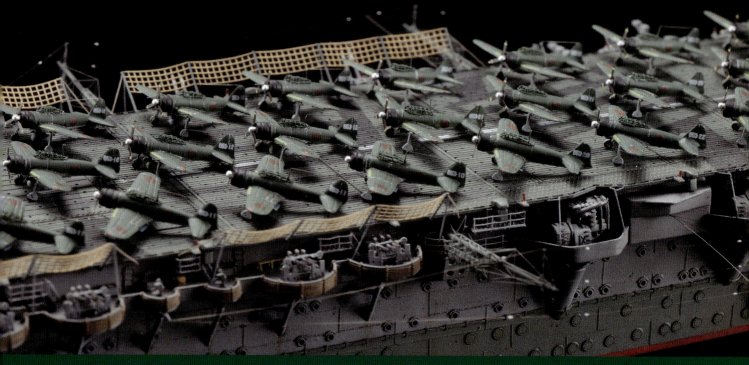

デカールが充分に乾燥したことを確認してから、汚し作業に入ります。まずはパネルラインなどを目立たせるためにスミ入れを行ないます。通常はエナメル系塗料の暗色でスミ入れしますがこれはくどくなり失敗しやすいです。私は灰色系のパステルを粉末状に細かくしたものをアクリル系溶剤で溶かし、極細の筆でシャドーを入れる感覚でスミ入れを行なっています。

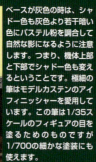
ベースが灰色の時は、シャドー色も灰色より若干暗い色にパステル粉を調合して自然な感じになるように注意します。つまり、機体上部と下部でシャドー色も変えるということです。極細の筆はモデルカステンのアイフィニッシャーを愛用しています。この筆は1/35スケールのフィギュアの目を塗るためのものですが1/700の細かな塗装にも使えます。

スミ入れ作業が完了し乾燥させた後、塗装の剥がれ表現を行ないます。実機は機体色の緑の部分で乗員が乗り降りする場所など塗料が剥がれて下地の銀色が見えていることがあります。ここで使用するのはシタデルカラーのシルバーです。この塗料は粒子が細かいことと水性塗料なので水で薄められるので便利です。

銀色のウェザリングは1/700スケールというサイズを念頭に置いて施していきます。あまりやりすぎると破綻しますので注意してください。イメージはじゃぶじゃぶに薄めた塗料の顔料の粒子を数粒、スジ彫りのラインに置いていくイメージです。

フロートにエッチングパーツの脚を取り付けます。エッチングパーツは前もって塗装しておくと作業が楽です。ここで脚を取り付けたら機体と同じ汚しを施します。

取り付け位置に注意しながら、フロートと機体を取り付けます。この作業はかなり難易度が高いので慎重に進めてください。
※この工作法はあくまで一例です。皆さんのやりやすい方法を是非見つけて組み立ててください。

折り畳まれた主翼の翼端を取り付けます。コクピットわきに主翼を支える支柱を取り付けます。この時右側の翼端灯を緑色、左側を赤色に塗り分けて取り付けてあげると精密感が増します。主翼断面と機体の位置を確認しながら主翼を取り付けてください。

最後にエンジン部分を取り付け、空中線を張って基本工作が完了します。この後、デカール保護のためにツヤ消しクリアーを吹き付けて安定させて完成になります。完成後はピルケースなど蓋のできるケースにしまっておきます。机の上に置きっぱなしだと埃がついてしまうので注意して下さい。

42

艦上機のベースとしての空母
そのディテールアップの
真髄を魅せる

前ページでは搭載機の工作方法の基本を紹介した。「たった1機作るのにあれだけの手間をかけているのか」と驚かれた方も多いだろう。このページでは緻密に作られた艦上機をずらりと並べた空母をご覧いただこう。もちろん空母本体も搭載機に見合ったレベルのディテールアップは施されている。船と飛行機、そのどちらかで手を抜いてしまえば作品全体の評価も低いものとなる。両者が高いレベルの精密感を維持しているからこそ引き立て合い作品の魅力が増すのだ

フジミ1/700 インジェクションプラスチックキット

帝国海軍航空母艦大鳳
フジミ 1/700 インジェクションプラスチックキット
Imperial Japanese Navy Aircraft carrier Taiho
Fujimi 1/700 Injection-plastic kit.

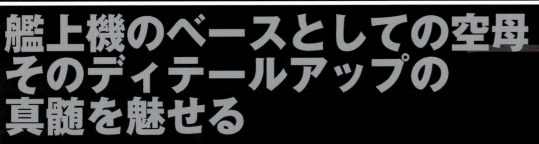

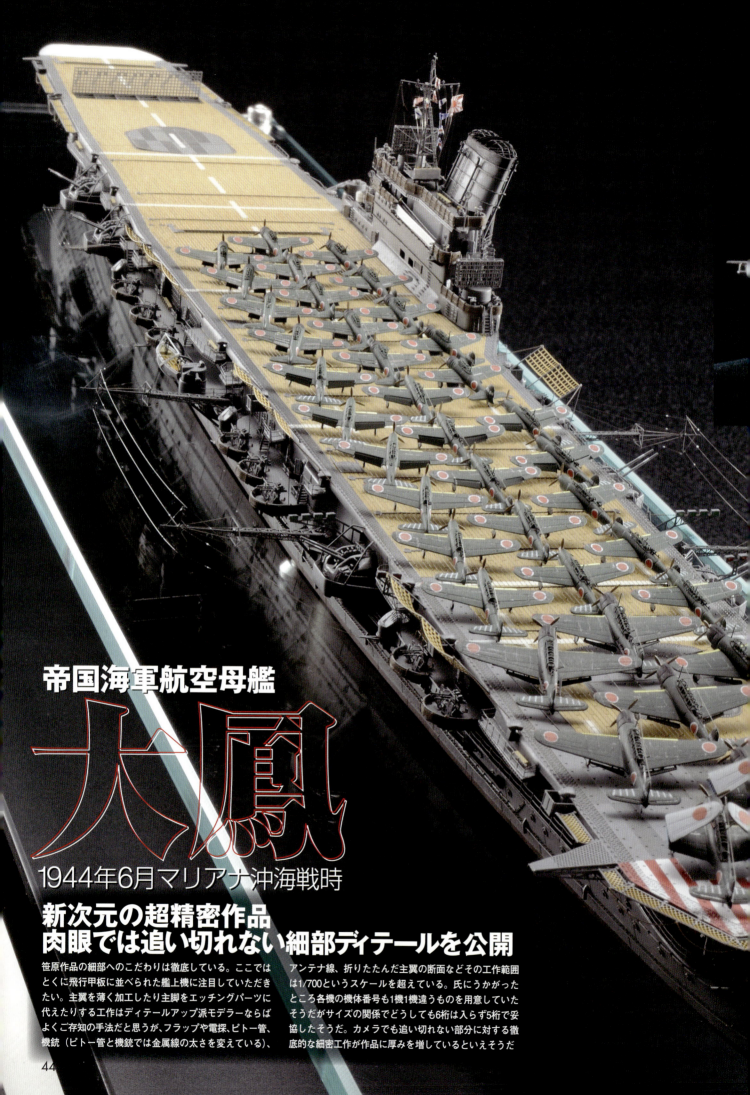

帝国海軍航空母艦 大鳳
1944年6月マリアナ沖海戦時

新次元の超精密作品
肉眼では追い切れない細部ディテールを公開

笹原作品の細部へのこだわりは徹底している。ここではとくに飛行甲板に並べられた艦上機に注目していただきたい。主翼を薄く加工したり主脚をエッチングパーツに代えたりする工作はディテールアップ派モデラーならばよくご存知の手法だと思うが、フラップや電探、ピトー管、機銃（ピトー管と機銃では金属線の太さを変えている）、アンテナ線、折りたたんだ主翼の断面などその工作範囲は1/700というスケールを超えている。氏にうかがったところ各機の機体番号も1機1機違うものを用意していたそうだがサイズの関係でどうしても6桁は入らず5桁で妥協したそうだ。カメラでも追い切れない部分に対する徹底的な細密工作が作品に厚みを増しているといえそうだ

「大鳳」は飛行甲板に装甲を施し、急降下爆撃に耐えられるように設計されていた。広い面積の飛行甲板に装甲を貼れば重心があがり復元性は悪化する。それを避けるために甲板を一層減らし、その航空機格納庫の面積も減少している。前方から見れば姿勢が低く重厚な「大鳳」の姿がよく見て取れるだろう。

●艦上機は艦上攻撃機天山9機、艦上爆撃機彗星17機、艦上戦闘機零戦五二型16機を製作しました。基本のキットはライオンロア製品を使用し、風防や脚のエッチングパーツはレインボー社のものを使用してディテールアップしています。また、各機に動きを出したいと思い、汎用パーツや自作パーツを用いてフラップを下げてみたり、風防を開けて7.7mm機銃を設置したりして単調にならないように工夫しています。また、実際に搭載された天山の電探仕様機も3機製作しています。魚雷や各機のプロペラ＆スピナーはアドラーズネストの製品です。

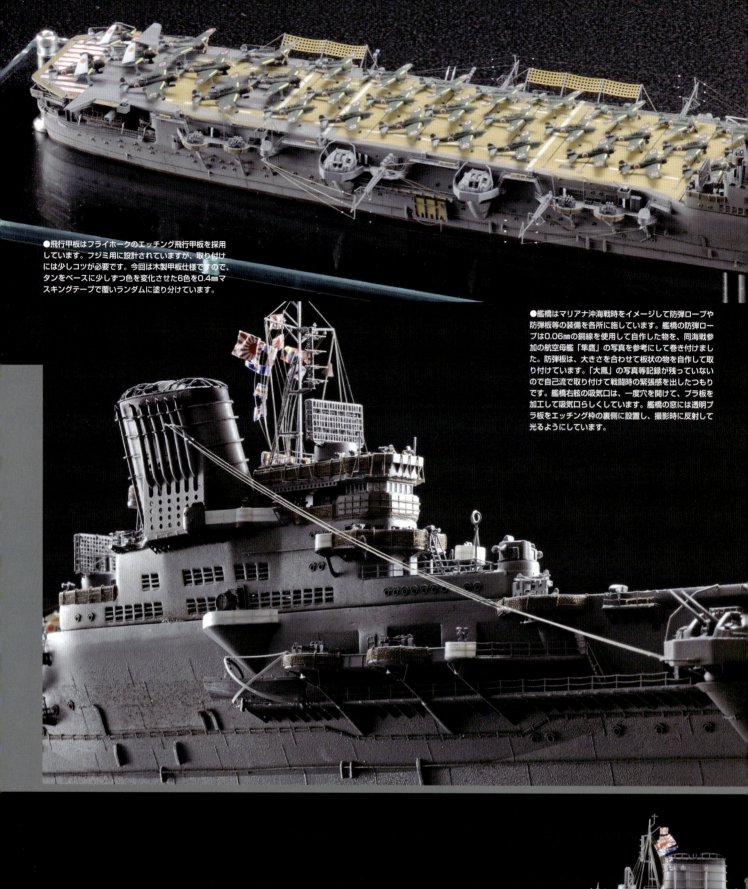

●飛行甲板はフライホークのエッチング飛行甲板を採用しています。フジミ用に設計されていますが、取り付けには少しコツが必要です。今回は木製甲板仕様ですので、タンをベースに少しずつ色を変化させた6色を0.4㎜マスキングテープで覆いランダムに塗り分けています。

●艦橋はマリアナ沖海戦時をイメージして防弾ロープや防弾板等の装備を各所に施しています。艦橋の防弾ロープは0.06㎜の銅線を使用して自作した物を、同海戦参加の航空母艦「隼鷹」の写真を参考にして巻き付けました。防弾板は、大きさを合わせて板状の物を自作して取り付けています。「大鳳」の写真等記録が残っていないので自己流で取り付けて戦闘時の緊張感を出したつもりです。艦橋右舷の吸気口は、一度穴を開けて、プラ板を加工して吸気口らしくしています。艦橋の窓には透明プラ板をエッチング枠の裏側に設置し、撮影時に反射して光るようにしています。

帝国海軍航空母艦 大鳳
1944年6月マリアナ沖海戦時

初陣で消えた悲運の装甲空母

太平洋戦争後半に登場した「大鳳」は翔鶴型空母をベースに飛行甲板に装甲を施した設計で搭載機数こそ少ないものの防御力は高く"不沈空母"と称され日本海軍の期待も高かった。しかし史上最大の空母決戦となったマリアナ沖海戦が「大鳳」の初陣にして最期の戦いとなる。就役してまだ3ヵ月しか経っていない1944年6月、「あ」号作戦に第一機動部隊旗艦として参加し「大鳳」だったが、第一次攻撃隊を発艦させた直後の8時10分、アメリカ海軍の潜水艦「アルバコア」の放った6本の魚雷のうち1本が左舷前部に命中。これが艦の命運を決してしまう。損傷は軽微だっ たが被雷のショックで前部エレベーターが下がった状態で停止してしまったため木材などで完全に穴を塞ぎ作戦継続に努めた。しかし重大な被害は別の個所にあった。前部軽質油タンクに亀裂が生じて艦内に可燃ガスが漏れ出していたのだ。応急工事が完了し、換気のため下ろされていた後部エレベーターが帰投してきた機体の収容のため稼働をはじめていた14時32分、突然大爆発を起こし艦内は火の海となった。自慢の装甲飛行甲板は内側から無残に膨れ上がり、航行不能となった「大鳳」は16時28分、ついに海中にその姿を没した

▲「あ」号作戦開始前、タウイタウイ泊地に停泊する「大鳳」を撮影した貴重な一葉。「大鳳」の全体像がわかる写真はほとんど残されておらずその細部については未だに解明されたとはいえない。

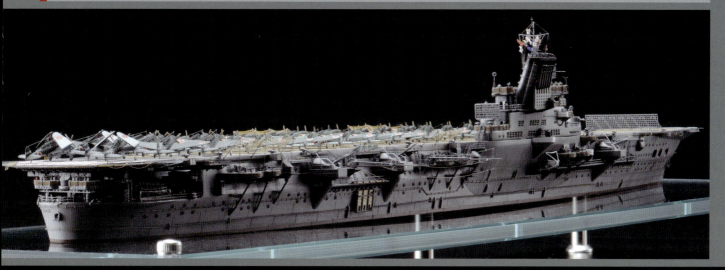

●船体はキットのプロポーションを尊重しつつ各箇所ディテールアップしています。各機銃座下の支柱等はキットのパーツよりも細い部材で再現していくと精密感がアップします。船体の外板の継ぎ目の再現は定番のサーフェイサー厚塗りの段差を利用した物です。残念ながらキットの船体は汚水捨管などの配管モールドが省略されていますので、プラ材等で再現しています。

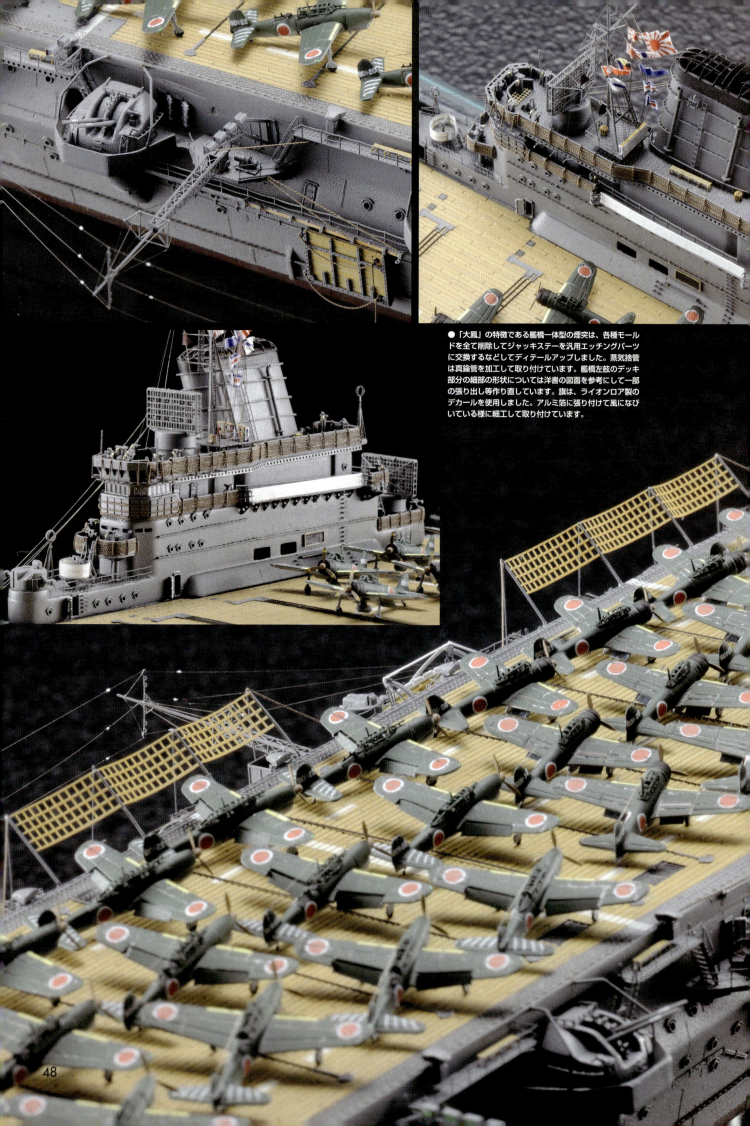

●「大鳳」の特徴である艦橋一体型の煙突は、各種モールドを全て削除してジャッキステーを汎用エッチングパーツに交換するなどしてディテールアップしました。蒸気捨管は真鍮管を加工して取り付けています。艦橋左舷のデッキ部分の細部の形状については洋書の図面を参考にして一部の張り出し等作り直しています。旗は、ライオンロア製のデカールを使用しました。アルミ箔に張り付けて風になびいている様に細工して取り付けています。

連合艦隊最強の新鋭航空母艦
海外資料をもとに新解釈で挑む

今回の作例で使用したキットはフジミの特シリーズ「日本海軍航空母艦 大鳳」。資料の少ない実艦を手堅くまとめた内容で2011年に発売当時は飛行甲板に木目を入れた「木甲板仕様」と木目のない「ラテックス甲板仕様」のふたつのバージョンがリリースされて話題となった。飛行甲板はフライホークの「FH70270 1/700 日本海軍空母 大鳳 飛行甲板」を使用している。これは飛行甲板を丸々置き換えるものでほかに甲板裏側のトラス状のパーツや着艦制動索などもセットされている。使用には慣れが必要で初心者がいきなりチャレンジするには難しいかもしれないがプラスチック製品にはないシャープなモールドで全体を引き締める。

帝国海軍航空母艦
大鳳
1944年6月マリアナ沖海戦時

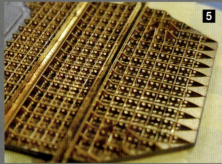

❶キットの機体に各種エッチングパーツを取り付けた天山電探搭載機。汎用パーツ等を応用して電探を自作しています。
❷艦橋の塗装前の状態です。キットをベースに各種汎用エッチングパーツでディテールアップしていきました。特に艦橋トップの遮風装置はオーバースケールにならないように注意しながら自作しています。
❸煙突は見せ場の一つなので作り込みました。ジャッキステーは純正のエッチングパーツを使用せず、一般細いラインオンロア製品を使用しました。
❹木甲板塗装のマスキング風景です。0.4mmのマスキングテープを長さ8mmに切った物を飛行甲板のモールドに合わせて貼りランダムに塗装します。時間と手間はかかりますが、出来上がった時の達成感は何物にも代えられません。
❺フライホーク製のエッチング飛行甲板を使用しましたので、この様な素晴らしいトラス構造を再現できます。組み上げにはちょっとしたコツがいりますが、落ち着いて時間をかけて丁寧に組んでいきましょう。
❻機銃スポンソン裏側の補強材等は空母製作の上で重要な見せ場になります。各種汎用エッチングパーツが充実していますので、それらを上手く組み合わせて、それらしく見えるように細工しています。
❼長10㎝高角砲は、海外の資料本では従来のタイプではなく、「大淀」に搭載されていたシールド付タイプで表記されていたので、今回はシールド付タイプで製作しました。砲身はアドラーズネストの製品です。
❽後部にある25㎜機銃座は、飛行甲板裏のトラス構造と乗組員待機所の高さ設定が大変シビアでしたので、自作して干渉しないように調整しています。

■本作品について

「大鳳」は帝国海軍期待の新鋭艦として誕生したのですが、皆様ご存知の通りに初陣のマリアナ沖海戦で爆沈、短命に終わった悲劇の空母です。そのため、現存する写真や資料・図面が極端に少なく、製作するうえでモデラーの皆様も悩む点も多いと思います。ここではポーランドで発行されている艦船模型雑誌に掲載されている「大鳳」の図面、CGなどの資料を参考にエッチングパーツやアフターパーツなどを最大限活用して、徹底的に作り込んだ作品に仕上げてみました。

「大鳳」はエンクローズド・バウを採用し、煙突と艦橋を一体化したアイランドを右舷に配置した帝国海軍航空母艦の集大成といえる艦です。この特徴を引き出せるようにと考えディテールアップしてみました。また航空母艦には艦上機が必要不可欠です。定数一杯まで搭載したマリアナ沖海戦時の仕様で製作しました。

■キットについて

キットはタミヤとフジミの2社から発売されています。両方のキットは甲乙つけがたい好キットなのですが、艦橋の形状や細部のディテールが発売年度の新しいフジミ製品の方が良いので、フジミのキットをベースとしております。

■船体について

船体の各種モールドは全て撤去し、舷窓は0.45mmピンバイスで穴を開け、エッチングパーツを一つずつ張り付けていきました。舷外電路等のモールドも全てエッチングパーツに付け替えています。船体外鈑の継ぎ目表現は定番のサーフェイサー厚塗りです。汚水捨管が省略されているので、資料を基にプラ材や真鍮パイプを利用して設置しています。

■艦橋について

キットの物をベースにして細部を洋書の図面や資料をもとにプラ材等で形状を変更し、各種汎用エッチングパーツにてディテールアップしてます。艦橋のガラは透明プラ板を内側から張り付けて再現しています。

■煙突の製作

煙突は、モールドを全て削り、両脇の蒸気捨管も真鍮パイプ等で再現し、モンキーラッタル＆ジャッキステーをエッチングパーツで追加しています。マストや電探付各種汎用パーツでディテールアップしました。

■各種武装と積載艇の製作

本艦の特徴である65口径10cm高角砲はキットのパーツと今回参考にした資料では形状が異なります。今回資料にあるシールド付タイプを基本としました。砲身はアドラーズネストの製品を使用しました。25mm3連装機銃はベテランモデル社のエッチング製品を、積載艇各種についてはレインボー社製品を使用しました。エッチングパーツの取り扱いが少々面倒ですが、とても良く出来ていると思います。

■艦上機の製作

艦上機は艦上攻撃機天山9機（内電探搭載機3機）艦上爆撃機彗星17機、艦上戦闘機零戦五二型16機、合計42機を製作しました。（撮影時に彗星2機を忘れてしまい2機少ない40機となっています）。各機体はライオンロア製キットをベースとし、エッチングパーツでディテールアップしています。各マーキング等はデカールを使用しています。空母作品の艦上機達はある意味主役でもあるので、自分なりに徹底的にディテールアップします。特に天山は電探搭載機や主翼をたたんだ仕様など単調にならないように手を加えました。

■仕上げについて

塗装は、艦底色はGSIクレオスのMr.カラー、リノリウムについてはピットロード製塗料船体色はガイアノーツの呉海軍工廠色を使用しました。汚し塗装のスミ入れやウォッシングを施した後に、ツヤ消しクリアーを全体に吹き付けて完成させています。空中線・張り線は0.04号の金属製テグスを使用し、碍子等を再現して取り付けています。

船体を固定しているベース並びにケースは「アクリめいと」の特注オーダーケースです。時間をかけて完成させた艦船模型をより美しく引き立ててくれるアイテムです。「アクリめいと」さんは各種オーダーの相談に気軽に応じていただけますので、ご興味のある方は是非相談してみてください。

■製作後記

今回の「大鳳」は木甲板仕様で製作したのですが、色々な考証や証言があり、ラテックス仕様の飛行甲板も個人的には間違いではないと思います。実物の「大鳳」はマリアナ沖に眠っていますが本当のところはどうだったのか？ 興味はつきませんが、あまり考証にこだわらずにそれぞれのモデラーの皆さんが好きな仕様を選んで楽しく製作するのが良いのではないかと思っています。

弩級戦艦＋軽空母
航空戦艦に見るハイブリッドな
魅力を精密模型で語る

ミッドウェー海戦により4隻の主力空母を失った帝国海軍は航空戦力を補完するために伊勢型戦艦に航空機搭載能力を追加した。世界にもまれに見る航空戦艦の誕生である。本艦は金剛型戦艦と同じ砲戦力と軽空母並の航空戦力を併せ持つ存在となったのだ。独特の檣楼型艦橋に加えて後部に設置された航空機作業甲板と艦載機群は模型的な魅力たっぷりだ。本作では「もし航空戦艦完成時に当初の予定通りの充分な搭載機があったら」というif設定で製作されている。新型艦上爆撃機彗星を満載した姿をご覧あれ

フジミ1/700 インジェクションプラスチックキット

帝国海軍航空戦艦伊勢
フジミ 1/700 インジェクションプラスチックキット
Imperial Japanese Navy Carrier Battleship Ise
Fujimi 1/700 Injection-plastic kit.

帝国海軍航空戦艦
伊勢
1943年9月航空戦艦改装時

圧倒的精密感と航空戦艦ならではの物量
1/700の限界に挑戦する

伊勢型戦艦は後部主砲2基を撤去し、そのスペースに格納庫と飛行甲板を増設。艦上爆撃機彗星22機を搭載、2基の大型カタパルトによりわずか5分で全機発進させることが可能だった。世界的に見ても珍しいその姿は海外でも大変人気がある。笹原作品の魅力は超人的な精密加工にあるが鮮やかな色遣いも重要なポイントだ。軍艦の模型はグレー系のモノトーンになりがちだがところどころにビビットな差し色を加えることで単調に見せない工夫がある。防弾マントレットや応急資材などが画面を引き締める効果があるのだ。実戦では本作のように彗星を満載することはかなわなかったが改⑤計画の本来の姿をお楽しみいただきたい

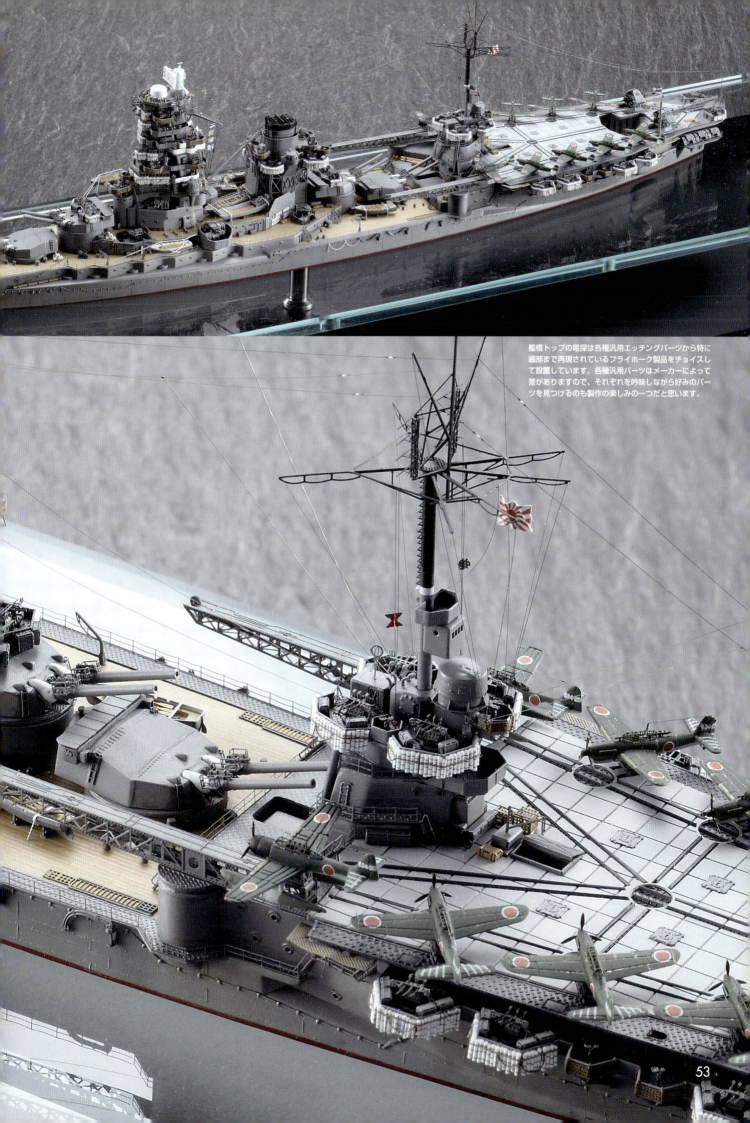

艦橋トップの電探は各種汎用エッチングパーツから特に細部まで再現されているフライホーク製品をチョイスして設置しています。各種汎用パーツはメーカーによって差がありますので、それぞれを吟味しながら好みのパーツを見つけるのも製作の楽しみの一つだと思います。

帝国海軍戦艦の象徴ともいえる檣楼型艦橋。もとはシンプルな三脚構造だったものに階層を追加しこのような複雑な形状となった。艦橋前面に配置された防弾用のマントレットやロープ類がグレー一色の艦橋に彩りを添えている。艦橋の窓枠はエッチングパーツに置き換えられているが、よく見ると艦橋の奥に金色の伝声管や双眼鏡などが配置されているのがわかる。これらは肉眼ではほとんど確認することができずカメラでクローズアップしてはじめてわかるディテールで笹原氏のこだわりが感じられる部分である。

帝国海軍航空戦艦 伊勢
1943年9月航空戦艦改装時

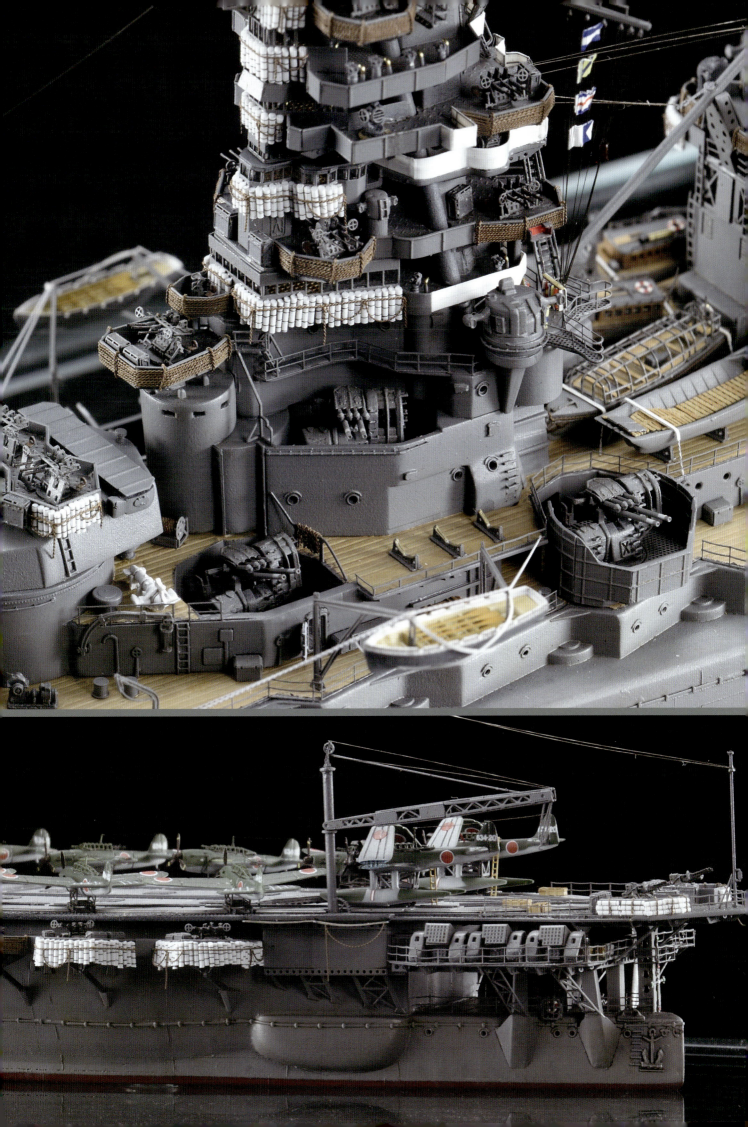

「伊勢」の艦橋背面のアップ。前ページの正面から見た写真と比較して見て欲しい。普通の艦船模型ではここまで艦橋をアップで掲載することはない。接着剤のはみ出しや塗装の際に巻き込んでしまった埃など模型製作上の"止む得ない"あらが見えてしまうからだ。しかしどうだろう。笹原氏の作品からはそのような隙は感じ取ることは出来ない。これは製作途中で何度もカメラで撮影しその都度、確認しながら製作しているからこそなせる技なのだ。常人にはほとんど不可能なレベルの工作技術だ。

■防弾ロープは、0.06㎜の銅線を使用してロープ状に編んで自作しています。0.06㎜銅線は入手しにくいので、最初は入手しやすい0.08㎜を使うのが良いと思います。
船体の手摺は汎用のエッチングパーツを使用しております。この手摺用のパーツは各種メーカーから発売されていますが、よく見ると細さや素材の違いがあります。とくに素材によって特性が違いますので、各自お好みによって使い分けてみると良いと思います。
■今回の作品はフジミ製キットとフジミ用に設計されているレインボーモデル社のエッチングパーツセットをメインに使用しています。フジミ製のキットは2010年に発売された特シリーズ。レインボーモデルのエッチングパーツは15枚のエッチングパーツのシートなどからなっており、とくに見せ場である後部の飛行甲板はまるごとエッチングパーツに差し替える内容となっています。ただ専用設計のエッチングパーツとはいっても1/700サイズでの設計・製品化には限界があり、キッチリと各種パーツとキットが合うというわけではありません。とくに飛行甲板裏側のトラス状の構造物などの組み立てには多少の慣れも必要で、その辺りを充分理解し、何度も仮組みしながら加工して時間をかけて仕上げていくとよいでしょう。

帝国海軍航空戦艦 伊勢
1943年9月航空戦艦改装時

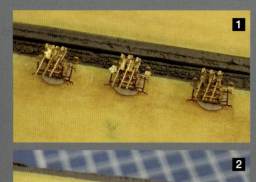

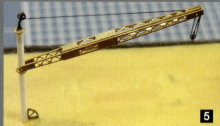

1 25㎜3連装機銃は各種メーカーから発売されていますが、個人的にはこのベテランモデル製品のエッチングパーツが3連装機銃で一番精密だと思います。難点は、一回り大きい点、組み立ての難易度が高い点です。
2 ベテランモデルでも防弾板仕様とノーマル仕様の二種類が製品化されています。この様な仕様をお好みによって変えるのも製作時の楽しみだと思います。
3 後部マストは専用パーツをメインに組み立てています。柱についているモンキーラッタルはコの字の物を一つずつ取り付けて実際の構造と同じように再現しています。
4 高角砲はファインモールドの「WA13 八九式12.7㎝高角砲」をアレンジしています。砲身は精密度が一番のアドラーズネスト製品を使用しています。
5 飛行甲板に設置するクレーンは汎用エッチングパーツを使用して自作しました。この状態で塗装後に張り線を追加して仕上げました。
6 飛行甲板の裏側です。本文中にも記載しましたが、この支柱と飛行甲板を合わせる作業に苦労しました。

■本作品について
「伊勢」は戦艦として建造されながら戦況の悪化に伴い、海軍の主力である航空兵力の不足を補うために航空戦艦に改装された世界的にも珍しい軍艦です。残念ながらその航空兵力を実戦で活用する機会はありませんでしたが、改装時に増強された対空兵装と巧みな操艦技術により太平洋戦争を生き抜いた武勲艦です。その「伊勢」を史実では訓練以外に機会が無かった航空機を満載した状態で再現したいと思い、今回製作しました。
航空戦艦「伊勢」は飛行甲板設置の改装だけが目立ちますが、12.7㎝連装高角砲8基16門、12㎝28連装噴進砲6基、25㎜3連装機銃31基と対空兵装を充実させています。この兵装関係も精密に再現できるようにこの「伊勢」を徹底的に工作してみました。

■キットについて
キットは、ハセガワとフジミの2社から発売されています。両方のキットは甲乙つけがたい好キットなのですが、艦橋の形状など細部のディテールが発売年度の新しいフジミ製品の方が扱いやすいと思い、フジミのキットをベースとしました。

■船体について
船体の基本工程で、甲板上の各種モールドは全て撤去、船体横の舷窓もいったんモールドを撤去し、0.45㎜のピンバイスで穴を開け、エッチングパーツを一つずつ張り付けていきます。舷窓は、ライオンロア製品を使用しました。舷外電路等のモールドも全てエッチングパーツに付け替えています。船体外鈑の継ぎ目についてはサーフェイサーの厚塗り吹き付けと筋彫りの併用で再現しています。

■艦橋について
キットをベースにしてレインボー社から発売されています「伊勢」用のエッチングパーツセットをメインにディテールアップしました。また、細部の形状を図面や資料をもとにプラ材等で変更し、各種汎用エッチングパーツでディテールアップしています。特に艦橋はメインの見せ場ですので、窓ガラス再現に注力してみました。全部の窓に透明プラ板を内側から張り付けて、雰囲気を出すようにしています。

■煙突の製作
キットの煙突は一体成型ですが、実際は内筒と外筒の二重構造ですので、一旦内側の煙突本体を切り出して、外筒側をくり抜き実際の艦の構造と同じように加工しました。また、モールドを全て削り、両脇の蒸気捨て管も真ちゅう管で再現し、モンキーラッタル＆ジャッキステーをエッチングパーツで追加してます。

■各種武装と積載艇の製作
主砲の35.6㎝砲はキットの物を基本として、レインボー製品のエッチングセット使用し、主砲の砲身はアドラーズネストの砲身を使用しました。12.7㎝高角砲はナノ・ドレットシリーズ製品をベースとし、エッチングパーツと真ちゅう砲身（アドラーズネスト製）で追加工作して仕上げてあります。25㎜3連装機銃はベテランモデル社のエッチング製品を使用。積載艇各種についてはレインボー社製品を使用いたしました。エッチングパーツの取り扱いが少々面倒ですがとても良く出来ています。

■飛行甲板の製作
後部の飛行甲板ですが、エッチングセットの飛行甲板を取り付けています。フジミ用に設計されていますので取り付け自体は問題ありませんが、最後尾に両舷から伸びている支柱関係（4本）は合いが悪く、調整が必要です。また、汎用パーツを使いエレベータを下げて格納庫内も再現しています。飛行甲板はコンクリートを塗っていたということなので、塗装による彩度の変化で雰囲気を出してみました。

■後部艦橋の製作
後部艦橋の機銃座はキットをベースにしていますが、防弾板（ブルワーク）は汎用エッチングパーツに付け替えています。また、各種防弾装備ですが、マントレットは0.4㎜プラ材を加工して自作しています。後部マストはエッチングパーツセットのパーツを基礎にして電探等を追加してディテールアップしました。

■艦載機の製作
艦載機は水上偵察機瑞雲4機、艦上爆撃機彗星11機、合計15機を製作しました。瑞雲はハセガワ製、彗星はライオンロア社製キットをベースとしています。各マーキング等はデカールを使用。艦載機は「伊勢」を語る上では欠かせない存在ですのでディテールアップには力を入れています。特に水上偵察機瑞雲はエンジンカウルを開けて、エンジン点検の雰囲気を出しました。ただし、この様な形状なのかは製作者の空想ですのでご注意を。

■仕上げについて
塗装は、艦底色をGSIクレオスのMr.カラー29番、船体木甲板については6色によるランダム吹き付けで仕上げています。船体色はガイアノーツの呉海軍工廠色を使用いたしました。汚し塗装のスミ入れやウォッシングを施した後に、つや消しクリアーを全体に吹き付けて完成させます。空中線・張り線は0.06号の金属製テグスを使用して、碍子等を再現して取り付けております。

■製作後記
今回の「伊勢」は、航空機を満載している架空の状態です。運用方法など個人的に考えて、わざとらしくないように注意して演出しています。また、各種防弾装備については想像を交えて取り付けております。

小型艦で魅せる精密作業の妙
全周に渡って手を入れ
見せ場を複数作る

本書は戦艦や空母などの大型艦を中心に掲載している。戦艦は艦橋などの上部構造物の複雑さや砲塔群、空母は飛行甲板に並べられた艦上機やブルワーク、飛行甲板裏側など見どころが多い。それでは比較的シンプルな構造の艦艇の場合にはどう魅せるべきなのか。駆逐艦の信条はスマート、高速、軽快さだ。その印象を殺さず、精密なディテールアップを施す方法を模索した笹原流の駆逐艦モデリングをご紹介しよう

帝国海軍駆逐艦薄雲
ヤマシタホビー 1/700 インジェクションプラスチックキット
Imperial Japanese Navy destroyer Usugumo
Yamashita hobby 1/700 Injection-plastic kit.

ヤマシタホビー1/700
インジェクションプラスチックキット

帝国海軍駆逐艦 薄雲

1943年7月キスカ撤退作戦時

模型原寸全長170㎜未満。
1/700の限界を超えた"ナノ・テクノロジー"の粋

笹原作品の実物をご覧になった方は例外なく驚かれるはずだ。このページでは大きく引き伸ばして撮影しているが実際の模型全長は170㎜程度。身近にある文房具ならばボールペンでおおよそ150㎜程度なのでそれよりもほんのすこし長いだけということになる。ひとつひとつのパーツは大きいものでも10〜20㎜、小さなものだと1〜2㎜未満のものもある。たとえばボートやマントレットの周囲に配置されたロープ類は髪の毛よりも細いも のを撚り合わせて作られているのだ。
また意識的に配された色についても着目して欲しい。長距離作戦参加時、駆逐艦はドラム缶を搭載することもあったが今回の作品では船体前部に搭載したものと後部に搭載したものの色を変えている。後部に積み込んだものは緑系のもので塗装しているのだが、その緑も微妙に色調を変えており目に入る情報を増やしているのだ。

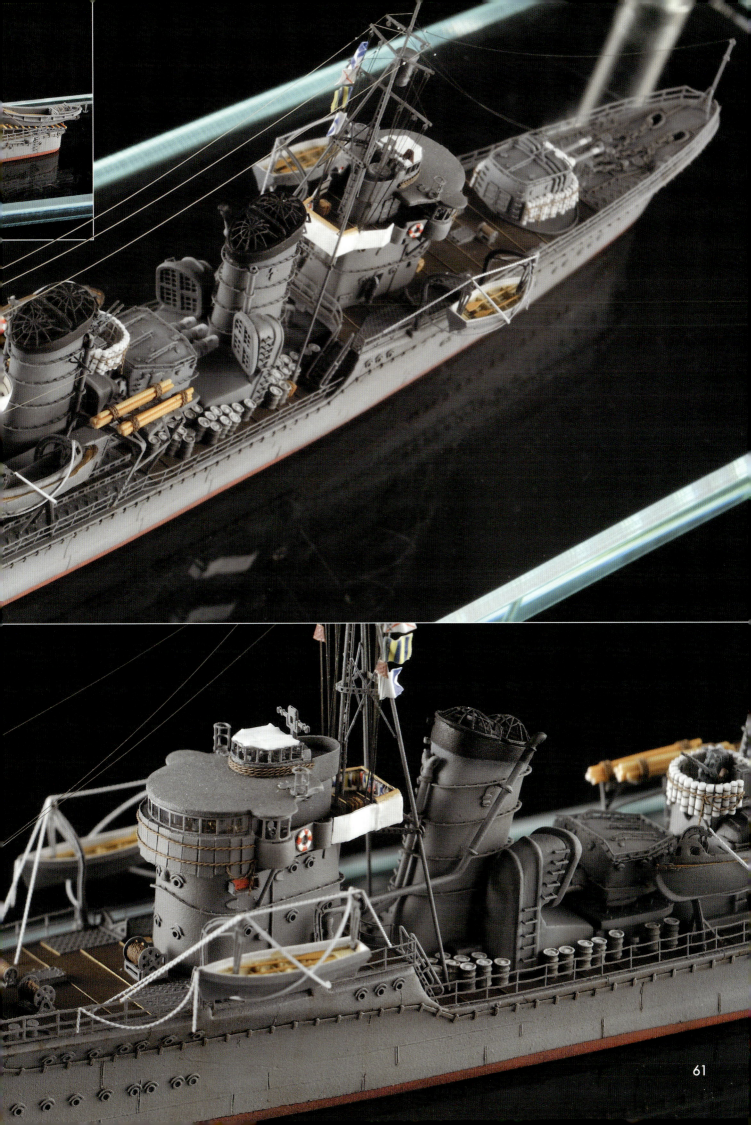

奇跡と謳われたキスカ撤退作戦など アリューシャン方面で戦った 吹雪型駆逐艦7番艦

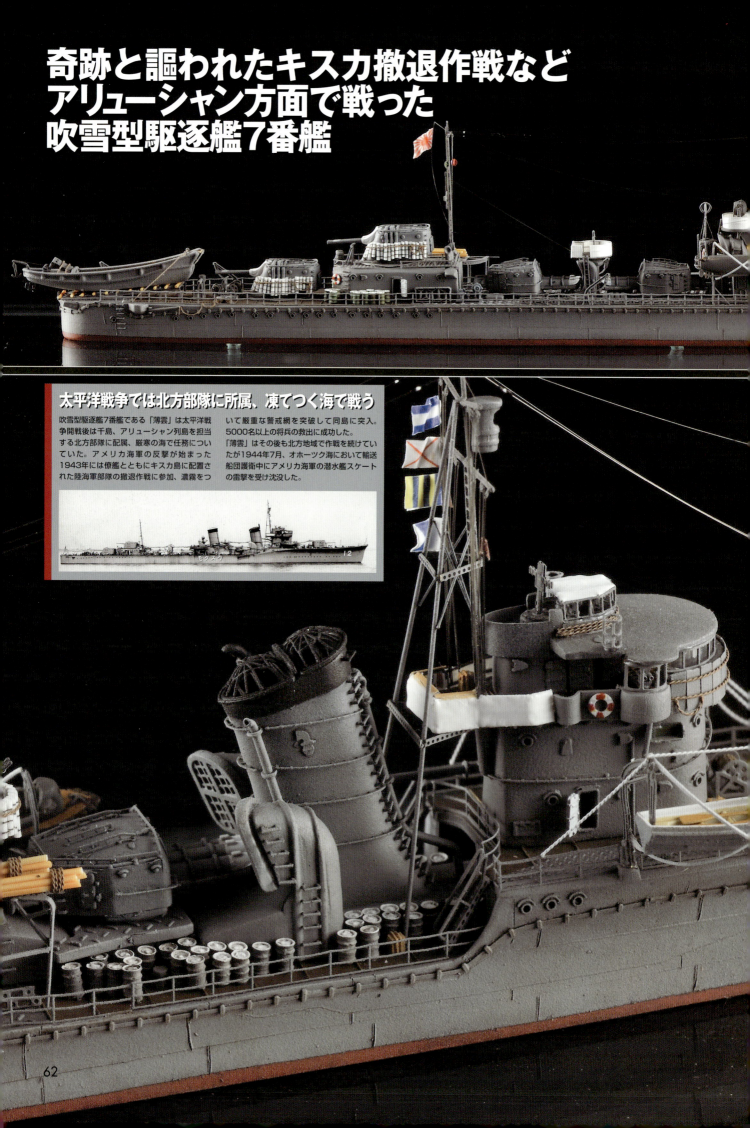

太平洋戦争では北方部隊に所属、凍てつく海で戦う

吹雪型駆逐艦7番艦である「薄雲」は太平洋戦争開戦後は千島、アリューシャン列島を担当する北方部隊に配属、厳寒の海で任務についていた。アメリカ海軍の反撃が始まった1943年には僚艦とともにキスカ島に配置された陸海軍部隊の撤退作戦に参加、濃霧をついて厳重な警戒網を突破して同島に突入。5000名以上の将兵の救出に成功した。「薄雲」はその後も北方地域で作戦を続けていたが1944年7月、オホーツク海において輸送船団護衛中にアメリカ海軍の潜水艦スケートの雷撃を受け沈没した。

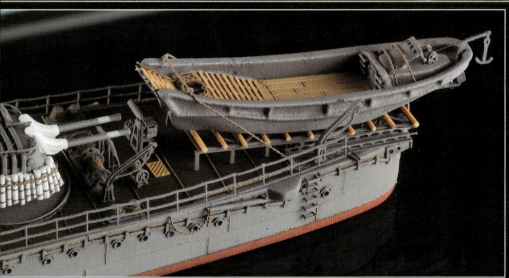

帝国海軍駆逐艦
薄雲
1943年7月キスカ撤退作戦時

キスカ島撤収作戦時仕様としたので、最大の特徴である大発を搭載しています。仮設台座の詳細は、第一水雷戦隊戦闘詳報に駆逐艦「響」で設置された物のラフスケッチが残っていましたので、それを参考に製作しています。使用したものは汎用エッチングパーツと0.3mmプラ材です。また、駆逐艦は航続距離が短いため、洋上補給回数を少なくするためにドラム缶に重油を詰めて船体にできる限り搭載して出撃したとの事から、船体のドラム缶が置けそうな場所にできる限り配置しました。ドラム缶はジュニインモデルのレジンパーツです。

低いアングルから特型駆逐艦を見ると、その軽快な姿が際立つ。キットのプロポーションは良好なので船体自体には手を加えていない。ディテールアップは大型艦を製作する際以上の繊細さが求められる。

帝国海軍駆逐艦
沖雲
1943年7月キスカ撤退作戦時

このページに掲載したうち、左の写真はキットをほぼ素組みしてサーフェイサーを吹いた状態のもの（ただし砲身やボラードは金属パーツに置き換えている）。右の写真は笹原流のディテールアップを施し完成させたもの。こうして並べてみるとどこに手を加えているのかわかりやすいだろう。ヤマシタホビーの吹雲型はプロポーションも良好で初心者からベテランモデラーまで幅広く楽しめる良キットだが、プラスチックキットという性格上、パーツの太さや厚みについては限界がある。もっとも顕著な部分はマストやボートダビットなどでこの部分に手を加えるだけで作品の精密感が大きく変わってくる。マストは真鍮線などを使い自作する必要があるがボートダビットについてはファインモールドのナノドレッドシリーズなどに置き換えるという方法もある。比較的上級者向けの工作としては甲板上のリノリウム抑えの表現がある。キットのモールドは素晴らしいがこれをエッチングパーツに置き換えることでさらに精密感が増す。空母の飛行甲板のモールドと同じく視界の中で広い面積を占める部分に手を加えることは大きな効果が見込めるのだ。

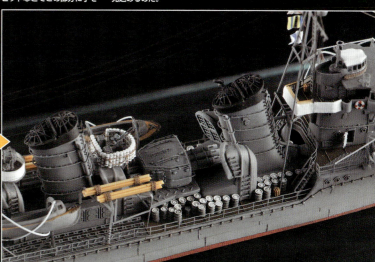

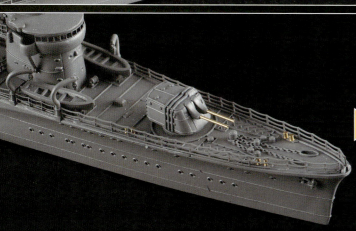
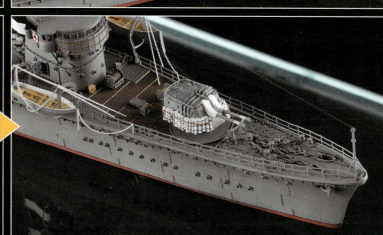

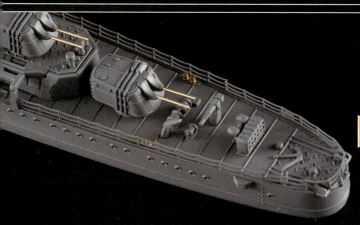

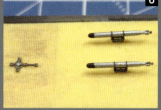

①艦首甲板の変更点は次の通りです。鎖をエッチングパーツに交換、ボラードをアドラーズネスト製品に交換、キャプスタンをファイブスター製品に交換。モールドの一部を汎用エッチングパーツを使い再現しています。②主砲本体はキットパーツのプロポーションがとても良いためそのまま使用しています。砲身はアドラーズネスト製品に交換しました。これは、防水布から先を再現していますので、キットの防水布パーツから砲身を切断し、ピンバイスで穴を開けて取り付けます。③煙突部分のモールドは繊細で惜しいのですが全て削り取り、汎用エッチングパーツのジャッキステーに置き換えました。蒸気molecules管などは真鍮パイプを加工し、各気口もエッチングパーツを取り付けるだけではなく、すべて開口部を開口して実際の仕様に近づけています。④ディテールアップの一例で後部操舵室です。両脇の吸気口を開口し、2ｍ測距儀はレインボーのエッチングパーツに交換、測距儀の足場は新たに作り直しました。⑤爆雷を投射する投射筒が収納されている収納庫を自作しています。使用したのはプラペーパーとプラ材です。この手の小物を揃えると作品の精密感がぐっと増します。⑥魚雷はファイブスターの製品を使用しました。こちらは魚雷のヒレや運搬台にエッチングパーツで付いています。⑦特型駆逐艦は、魚雷運搬軌道内にリノリウム張りだったようですので、塗り分けて自作のリノリウム押えを取り付けています。軌道は、モールドを削り汎用エッチングパーツに交換しています。⑧リノリウム押えの汎用エッチングパーツとの比較です。実際の寸法を1/700で置き換えますともっと細くなりますので、そこは模型映えを優先して見える最小限の太さで自作して設置しています。⑨吸気口上部の機銃座です。キットでは7.7㎜機銃2挺ですが、キスカ島撤収作戦時は13㎜連装機銃でしたので、汎用エッチングパーツに交換しています。周りのマントレットは0.4㎜のプラ材を加工しています。⑩今回のメイン工作の一つである大発搭載台です。適当な汎用エッチングパーツをそれらしく組み合わせ、プラ材を丸太に見えるように塗り・汚しを施して設置しています。⑪14ｍ大発です。ベースはファイブスター社のレジンとエッチングですが、船内の内側木目は汎用パーツを加工してそれらしく仕上げています。⑫7.5ｍ内火艇はピットロードの日本海軍装備セットNo.2を使用しています。窓は開口し、救命胴衣等ディテールアップしています。

■キットについて

特型駆逐艦の7番艦として竣工、太平洋戦争時は主にアリューシャン方面で作戦に従事し、キスカ島撤収作戦などに参加したのが駆逐艦「薄雲」です。特型駆逐艦は大きく3つの形式に分類されます。そのなかでも各艦ごとに微妙に違う点があるため、近年までベースとなるキットを選ぶのが大変難しくモデラー泣かせの駆逐艦でした。2015年にヤマシタホビーから決定版ともいえるキットが発売され、その悩みも大いに解消されました。今回はそのヤマシタホビー製品の「吹雪」のキットをベースにキスカ島撤収作戦時仕様として製作しました。

■船体の修正

船体のプロポーションは実艦の雰囲気をよくとらえています。いつもの通り、舷窓をピンバイスで穴あけし、汎用エッチングパーツを使いディテールを追加しています。船体の外鈑表現はサーフェイサーの厚塗りと筋彫りの併用です。船尾付近にある係船桁はプラ材等で自作しています。

■艦首甲板付近の製作

キットのモールドを極力生かすように製作しました。アンカーチェーンはエッチングパーツの汎用品に取り換えています。艤装関係はボラードについてはアドラーズネスト社の製品、キャプスタンはファイブスター製品、ケーブルホルダー・チェーンパイプ等の艤装関係はジュニインモデル製品を使用してディテールアップしています。リノリウム押えはモールドを削り、自作した物を設置しています。

■艦橋の製作

艦橋もキットのパーツをベースにしています。艦橋トップの形状がキスカ島撤収作戦時と違いますので、見張り所を作り直しています。また、手旗信号台の位置が若干違いますので位置の修正、艦橋側面の見張り所の天井部分を追加しています。各所に防弾板を設置し、戦時中の雰囲気を出すようにしました。防空指揮所の双眼鏡等もこちらもジュニインモデル製品を使用し、伝声管を設置して精密感を出しています。

■マストの製作

前後のマストはキットのパーツを参考にして0.2㎜の真ちゅう線をメインに自作しています。

■甲板上の艤装について

主砲もキットのパーツをベースにしています。砲身をアドラーズネストの新製品である真ちゅう砲身に変えるなどしてディテールアップしています。マントレットを周囲に巻いて戦闘中の雰囲気を出す工夫をしました。

■船体中央部の機銃座と後部操舵室について

船体中央部の機銃座と後部操舵室ですが、実際の形状と違うのでプラ材で追加工作を施しました。開戦時の機銃兵装は13㎜連装機銃なので、エッチングパーツに交換しています。

■積載艇および積載物について

7.5ｍ内火艇は、ピットロードの新WWII日本海軍 艦船装備セットのパーツを使用し、ディテールアップしています。応急木材はプラ材を塗装して製作しました。レール上にある魚雷はファイブスター製品を使用。この辺の装備と艤装は作品をより精密に見せることができますので、しっかりと造り込むようにしています。

■艦尾甲板について

キスカ島撤収作戦時には艦尾甲板の装備をほとんど撤去し、陸軍守備隊収容用の大発を搭載できるように改装されています。これを自作してそれらしく再現しました。

■仕上げについて

艦の最終艤装（張り線や汚し、旗の設置等）のすべてを完了したところで、ツヤ消しクリアーを全体的に吹き付けて乾燥させます。その後、完成した艦を撮影して画像で最終チェックを行ない、手直し完了後に専用ケースに設置して完成となります。

■製作後の感想

駆逐艦は艦船模型の入門編としては最適です。小さな船体で扱いやすくお手軽で、ディテールアップの練習にも最適です。駆逐艦は各社から次々と新製品が発売されていますので、艦船模型を始めてみたいと思われている方はお好きな艦で挑戦してみてはいかがでしょうか。最後に今回の「薄雲」製作に大変参考になったホームページがありますのでご紹介いたします。"駆逐艦模型研究室" https://ddmlabo014.wixsite.com/ddmlaboさんです。特型駆逐艦を製作するのにとても役に立ちますので、製作をされる方は一度ご覧になってみてください。私も今回大変お世話になりました。

太平洋戦争緒戦
南雲部隊の精鋭を率いて
洋上の制した歴戦の空母を蘇らせる

水面を意識した低い目線から船体を見上げると低い乾舷と高くそびえ立つ格納庫がアンバランス。一方で左舷中央部に配置された艦橋と右舷中央部の煙突の配置は対照的で上から見下ろすとバランスのとれたシルエットに見える。このように「赤城」は見る角度によって異なる印象をあたえるのが面白い。ディテールアップはこのシルエットを壊さぬようにすることが基本で、細部のディテールばかりに目がいくようでは失敗だ。本作はとくにこの遠くから見たシルエットと近くによって見た際の精密ディテールのバランスに注意し製作されていることにも注目して欲しい

ハセガワ1/700 インジェクションプラスチックキット

帝国海軍航空母艦赤城
ハセガワ 1/700 インジェクションプラスチックキット
Imperial Japanese Navy Aircraft carrier Akagi
Hasegawa 1/700 Injection-plastic kit.

この「赤城」と次に紹介する「飛龍」は太平洋戦争前期に南雲部隊の主力として活躍した空母だ。ここでは搭載機に対する演出について書いておこう。「赤城」の飛行甲板上に並べられたのは真珠湾攻撃の第一波攻撃隊の36機。飛行甲板の前方部には板谷茂少佐の搭乗する零戦9機の制空隊が配置されている。これは機体が軽く発艦距離が短いから。中央部に並ぶのは淵田美津雄中佐の率いる水平爆撃隊の九七艦攻15機。これらは威力が大きいが命中率の低い800kg爆弾を搭載していた。九七艦攻の先頭の1機は尾部を赤く塗っており淵田中佐機を表している。飛行甲板後部にはもっとも重い航空魚雷を搭載した九七艦攻12機（村田重治少佐）が並んでいる

大戦初頭、縦横無尽に太平洋を戦った南雲艦隊旗艦の勇姿を再現

帝国海軍航空母艦 赤城
1941年12月真珠湾攻撃時

真珠湾第一波攻撃隊を飛行甲板上に再現しています。九七式艦上攻撃機、零式艦上戦闘機共にライオンロアのキットを使用し、レインボーやフライホークのエッチングパーツを使用してディテールアップしました。汚しについては、スミ入れ以外はしていません。真珠湾攻撃時は機体整備も万全できれいな機体だったと推察したためです。零式艦上戦闘機のプロペラ&スピナーはアドラーズネスト製です。

帝国海軍航空母艦 赤城

1941年12月真珠湾攻撃時

飛行甲板はフライホークのエッチングパーツを使用し、タンをベースに微妙に色を変えた合計6色によるランダム塗装を施して表情を豊かに見せる様に工夫しています。また、飛行甲板上の白線はマスキングによる吹き付け塗装で再現しています。塗装完了後にウエザリング等を施して、ランダム塗装の境目が自然に見える様に調整して仕上げます。着艦用ワイヤーはメタルライン系の太い物を使用しています。

ハセガワのリニューアルキットということもあり、プロポーションは素晴らしいと思います。モールドも細かく再現されていて、削り取るのが惜しいくらいでした。舷窓や船体のジャッキステーを汎用エッチングパーツに置き換えて精密感をアップさせています。

艦橋細部の作りこみは映画「永遠の0」に登場する赤城を参考にしています。艦橋後部の防弾ロープや、艦橋トップに取り付けられた7.7㎜機銃、伝声管などDVDを見ながら作りこみました。煙突のジャッキステーやモンキーラッタルの精密再現は右舷側最大の見せ場ポイントになるので、特に注力して仕上げています。

帝国海軍航空母艦 赤城
1941年12月真珠湾攻撃時

■本製品について
「赤城」とその僚艦「加賀」からなる第一航空戦隊は、艦上機の質、搭乗員の技量から見て間違いなく当時の世界最高の航空打撃力と作戦遂行能力を併せ持つ部隊だったと思います。その旗艦である「赤城」の真珠湾攻撃時の仕様をハセガワのリニューアルキットでディテールアップして再現しました。

■船体について
船体は、キット自体が大変良く出来ていますので形状の修正等は特に行なっておりません。各種モールドも非常に良いため、普通に製作しても問題ないレベルです。本作品では、ディテールアップとして舷外電路・舷窓を一度削りとり、新たにエッチングパーツで再現しています。また、ジャッキステーやモンキーラッタルも当時の写真や図面を元に再現し、船体の外鈑表現はサーフェイサーの厚塗りとスジ彫りで再現しています。

■飛行甲板の製作
キットの飛行甲板はモールドも素晴らしく、使用することを迷いましたが、本作品はフライホークの飛行甲板に交換して製作しました。この飛行甲板は、フジミ社製キット用ですから、ハセガワのキットに合わせるために多少加工する必要があります。具体的には、飛行甲板裏側のトラス状の補強材を先に組み立てずに、船体とすり合わせしながら製作していくのがポイントとなります。鉄甲板の部分はスジ彫りで再現し、色を調合して4色による多層吹き付けをおこなっています。木甲板は同様に6色によるランダム塗装をしました。

■艦橋の製作
艦橋は、製作時間の都合から海魂製品の「赤城」艦橋キットを基本にディテールアップして仕上げています。具体的には、防空指揮所等に双眼鏡・伝声管の設置、艦橋側面に作業灯や斉動信号灯の追加、自作マントレットによる防弾仕様としております。

■煙突の製作
煙突は、キットのモールドを一旦削りモンキーラッタル＆ジャッキステーをエッチングパーツで追加しました。「赤城」の大きな煙突は、ジャッキステーと合せて大きな特徴ですので、時間をかけて製作しています。また、煙突下部には船体と煙突を支える支柱があるようなので、真鍮線で再現してあります。

■各種武装と積載艇の製作
12cm高角砲はキットをベースとし、エッチングパーツと真鍮砲身で追加工作して仕上げています。25mm連装機銃はベテランモデル社のエッチングパーツを使用。積載艇各種はレインボー社製品を使用しました。エッチングパーツの取り扱いが少々面倒ですが、とても良く出来ていると思います。キットには短艇用の艦名のデカールが付いています。出撃時には塗りつぶされていたと思いますが、せっかくなので積載艇に使用いたしました。とても良いデカールです。スケール感もぴったりなのでオススメしたいと思います。

■艦上機の製作
艦上機は零式艦上戦闘機二一型9機、九七艦上攻撃機27機を製作しました。すべてライオンロア社製キットをベースとし、エッチングパーツでディテールアップしています。各マーキング等はデカールを使用しました。航空母艦製作の場合、艦上機はとても目立つ存在なので、徹底的なディテールアップを心がけています。真珠湾攻撃時は準備万端で出撃したと思いますので、激しいウェザリング（汚し）は行ないませんでした。

■仕上げについて
塗装については、艦底色は基本色、リノリウムについてはピットロード製塗料を使用しました。汚し塗装のスミ入れやウォッシングを施した後に、ツヤ消しクリアーを全体に吹き付けて完成させています。空中線、張り線は0.04号の金属製テグスを使用し、碍子等を再現して取り付けてあります。最後に、いつもの「アクリめいと」製アクリルケースにネジ止めをして、艦名プレートを設置して完了です。

■製作の感想
「赤城」は空母としては異色の存在で、巡洋戦艦の船体を利用して三段空母となり、三段空母から大改装して開戦時の状態になったという経緯を経ています。そのため構造が複雑で、製作していてもそれがよくわかります。形状や仕様の再現がとても難しい艦でもあります。今回のハセガワのリニューアルキットは、そうした構造が素組みでも、良く再現されている大変素晴らしいキットです。みなさんが製作される際のご参考になれば幸いです。

孤軍奮闘！ ついに見つけた敵空母へ目がけ、発艦準備を整える空母飛龍、最後の姿を描く

「飛龍」といえば、日本の正規空母としては中型でありながら、古くから「赤城」とその人気を二分する勢いのある存在だ。腰を低く構えたような独特な船体の左舷に、高くそびえ立つ艦橋を持つシルエット、そして無敵艦隊の終焉を告げたミッドウェー海戦で単艦、アメリカの3空母と渡り合ったエピソードもまた、それに拍車をかけていると言える。近年発売された好キットをベースに、笹原氏が敵機動部隊攻撃第1陣の矢が放たれる直前のワンシーンを切り取る

フジミ1/700 インジェクションプラスチックキット

帝国海軍航空母艦飛龍
フジミ 1/700 インジェクションプラスチックキット
Imperial Japanese Navy Aircraft carrier Hiryu
Fujimi 1/700 Injection-plastic kit.

艦橋周りに取り付けているマントレットは0.4mmプラ材を加工した自作パーツです。スジ彫りを入れた後にスミ入れをしてマントレットを再現。さらに自作ロープで防弾用に艦橋に取り付けられている雰囲気を出すようにしています。艦橋トップの防空指揮所には天幕を張るための支柱がありますが、なるべく細くして精密感を出したいため、0.1mmの金属線を主に使用して自作しています。艦橋の窓には透明プラ板をはめ込んでガラスを表現しています。ガラス表現時に注意する点は、瞬間接着剤を使わないこと（白化防止のため）、完成後にツヤ消クリアーを吹き付けないことです。艦橋は艦船模型の顔ともいうべき重要なところですので、特に力を入れて製作しています。

帝国海軍航空母艦
飛龍
1942年6月ミッドウェー海戦時

帝国海軍航空母艦 飛龍
1942年6月ミッドウェー海戦時

「飛龍」の飛行甲板上に並べられているのは、米空母「ヨークタウン」に向けて反撃する第一次攻撃隊を再現しています。九九式艦上爆撃機、零式艦上戦闘機は「赤城」の時と同じくライオンロアを使用し、フライホークのエッチングパーツをメインにディテールアップしています。九九式艦上爆撃機の特徴は脚だと思いますが、この脚はアフターパーツでも多数発売されていますが、エッチングパーツでは厚みが足りないのでキットの脚をそのまま使用しています。この脚の塗り分けが重要で、赤い三角のクサビ状マーキングはデカールを使用しています。塗装方法としては、脚はランナーから切り出さないで、そのまま塗装してデカールを貼り、汚しを終わらせてからツヤ消しクリアーでデカールを保護し、最後の段階で機体に取り付けます。赤城艦上機とは違い、ミッドウェー海戦時は機体の損傷・汚れも目立ってきていると考察し、塗装が剥がれ下地の銀色が少し目立つようにウェザリングしています。

■船体の製作
船体のラインはキットを尊重して大きな変更は加えていません。また舷窓のモールドも大変良いのでそのまま利用しております。ただし追加工作として、0.4㎜のピンバイスで各舷窓を穴開けしました。船体の外鈑表現はスジ彫りで再現しています。

■飛行甲板の製作
エッチング製飛行甲板は製作と取り扱いが少々面倒ですが、完成した時のモールドの精密さ、シャープさは素晴らしいので採用しております。今回使用したライオンロア製飛行甲板は、アオシマのキット用ですから、フジミ社製に合わせるために2㎜程切りつめて取り付けてます。また、鉄甲板の部分はスジボリで再現し、色を調合して4色による多層吹き付けとしました。木甲板は同様に6色によるランダム塗装吹き付けを行なっています。

■艦橋の製作
艦橋はキットパーツを基本にディテールアップして仕上げています。具体的には、防空指揮所等に双眼鏡・伝声管の設置、艦橋側面に作業灯や斉動信号灯の追加、自作マントレットによる防弾仕様としております。

■煙突の製作
煙突は、キットのままだと上部にある非常用排煙口がただのモールド表現だけなので、エバーグリーンのプラ板を使用しそれっぽく仕上げています。また、両脇の蒸気捨管も真鍮パイプで再現し、モンキーラッタル&ジャッキステーをエッチングパーツで追加しています。

■各種武装と積載艇の製作
12.7㎝高角砲はファインモールドのナノドレッドシリーズのパーツをベースとし、エッチングパーツと真鍮砲身で追加工作して仕上げています。25㎜3連装機銃はベテランモデル社のエッチング製品を使用し、シールド付連装機銃は砲身等をエッチング機銃仕様とし、機銃の仕様を統一させています。積載艇各種についてはレインボー社製品を使用しました。

■艦上機の製作
艦上機は零式艦上戦闘機二一型6機、九九式艦上爆撃機18機、九七式艦上攻撃機3機を製作したのですが、すべてライオンロア社製キットをベースとし、エッチングパーツでディテールアップしています。各マーキング等はデカールを使用しました。

■仕上げについて
塗装は、艦底色はGSIクレオス塗料のMr.カラー、軍艦色とリノリウムについてはピットロード製塗料を使用しました。汚し塗装のスミ入れやウォッシングを施した後に、ツヤ消しクリアーを全体に吹き付けて完成させています。空中線、張り線については0.04号の金属製テグスを使用し、碍子等を再現して取り付けております。

主砲＋艦載機
ふたつの魅力を併せ持つ
機動部隊の守護神を作り込む

利根型は重巡洋艦としてのすっきりしたスマートなシルエットと水上機を多数搭載する航空機作業甲板を併せ持つ模型的にも魅力のあるアイテムだ。本作を制作するにあたって笹原氏は開戦時状態をチョイスした。大戦後期、機銃や電探などを増設した複雑なシルエットよりも開戦時のほうが見せ場を作る上では難しいかもしれない。そこに笹原氏はどんな回答を用意したのだろうか。明灰白色で塗装され日の丸をまとった水上偵察機と鉛色の船体色の対比が鮮やかな作品だ

フジミ1/700 インジェクションプラスチックキット

帝国海軍重巡洋艦 利根
フジミ 1/700 インジェクションプラスチックキット
Imperial Japanese Navy Heavy cruiser Tone.
Fujimi 1/700 Injection-plastic kit.

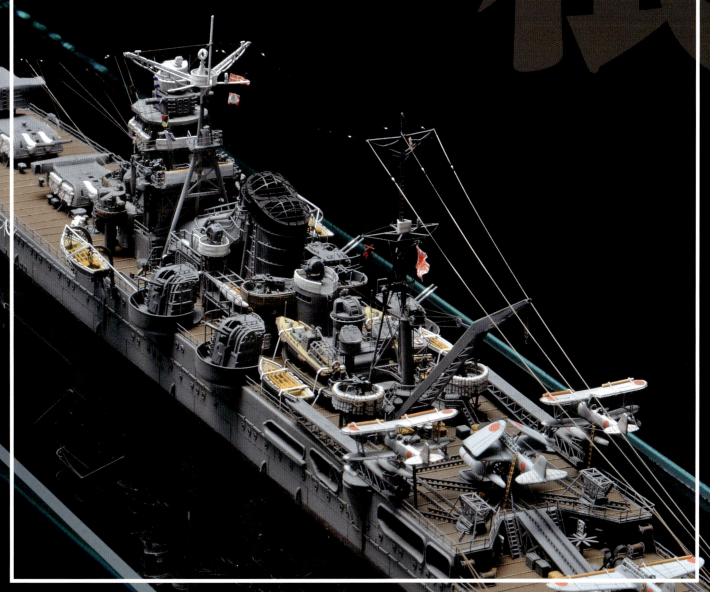

帝国海軍重巡洋艦
利根
1941年12月真珠湾攻撃時

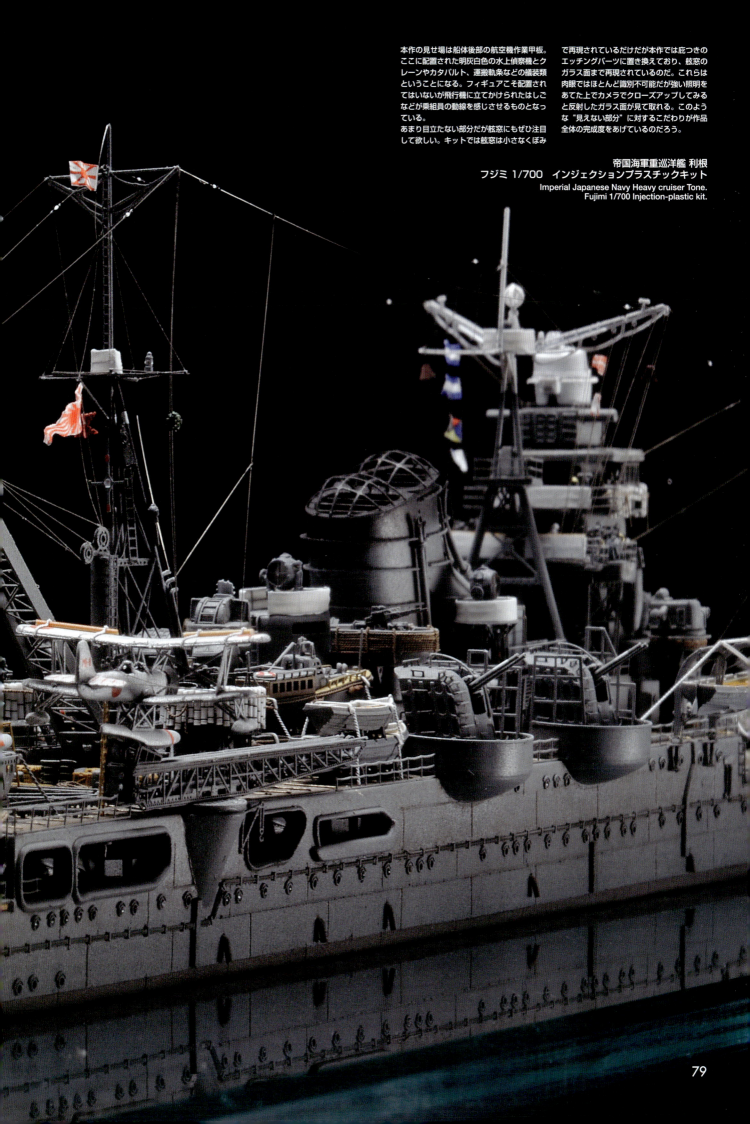

本作の見せ場は船体後部の航空機作業甲板。ここに配置された明灰白色の水上偵察機とクレーンやカタパルト、運搬軌条などの艤装類ということになる。フィギュアこそ配置されてはいないが飛行機に立てかけられたはしごなどが乗組員の動線を感じさせるものとなっている。

あまり目立たない部分だが舷窓にもぜひ注目して欲しい。キットでは舷窓は小さなくぼみで再現されているだけだが本作では庇つきのエッチングパーツに置き換えており、舷窓のガラス面まで再現されているのだ。これらは肉眼ではほとんど識別不可能だが強い照明をあてた上でカメラでクローズアップしてみると反射したガラス面が見て取れる。このような"見えない部分"に対するこだわりが作品全体の完成度をあげているのだろう。

帝国海軍重巡洋艦 利根
フジミ 1/700 インジェクションプラスチックキット
Imperial Japanese Navy Heavy cruiser Tone.
Fujimi 1/700 Injection-plastic kit.

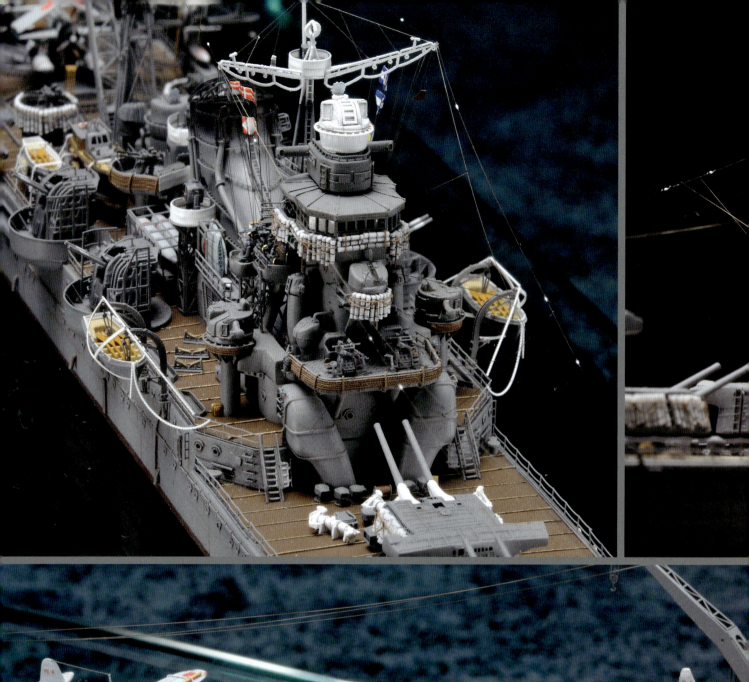

●重巡洋艦「利根」の開戦時仕様ということで、真珠湾攻撃時を想定してマントレット等の防弾仕様を各所に施しています。艦橋のマントレットは、同型艦「筑摩」のニュース動画の映像にマントレット装備の物がありましたので、この映像をイメージして配置し、主砲側面は重巡「古鷹」の写真にマントレット装備した物がありましたので、こちらもイメージしながら自己流で取り付けて戦闘時の緊張感を出したつもりです。
●艦橋前の機銃座には自作ロープで防弾仕様としています。防弾ロープは0.06㎜の銅線を撚って自作しております。また、艦橋の窓には透明プラ板をエッチング枠の裏側に設置し、撮影時に反射して光るようにしております。
●船体を固定しているベース並びにケースは「アクリめいと」の特注オーダーケースです。時間をかけて完成させた艦船模型をより美しく引き立ててくれるアイテムです。アクリめいとさんは各種オーダーの相談に気軽に応じていただけますので、ご興味のある方は是非相談してみてください。

後部マストは0.5mmの真ちゅう線を基本として自作しています。クレーン部分はレインボー製のエッチングパーツを採用しています。魚雷発射管室はチラリとしか見えないところですが、ピットロード製のNE04「1/700 新WWII日本海軍艦船装備セット4」から魚雷発射装置をチョイスしてディテールアップした物を配置しています。船体の排水管はモールドを削り、0.2mmの穴を開けて、90度に曲げたプラの丸材を差し込んでいます。ちょっとした工作ですが、見栄えがかなり変わると思います。

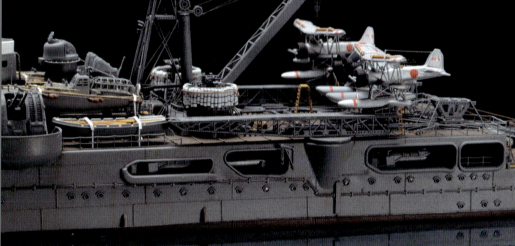

◀本艦の最大の特徴である後部甲板は特に気をつかって製作しました。水上機を合計5機搭載し、各種整備用の備品を随所に散らし、動きのある雰囲気づくりを意識しました。各所に木箱を配置し、整備中の各機には梯子等を配置しています。甲板上のリノリウム抑えは、メタルギリング0.06号にモデラー仲間のikasaさんからお教え頂きました真ちゅう粉をラッカー塗料（クリアー系）に混ぜて吹き付ける方法で自作しております。この技法は多少面倒ですが美しく仕上がります。

▶主砲はキットの物をベースにエッチングパーツでディテールアップしています。防水布はヤマシタホビーの20.3cm砲キットから流用し、砲身はアドラーズネスト製のものを使用しました。この製品は防水布より先の部分を再現しておりますので、とても助かります。主砲トップに付いているアンテナは0.2mm真ちゅう線で自作しました。甲板上の各所に設置している通風装置や通風口はジュニインモデルのレジンキャストパーツを使用しております。モールドも繊細で扱いやすいのでおススメです。キノコ型通風口についてはアドラーズネストの製品を使用しました。

艦隊の目として空母機動部隊に随伴

利根型は最上型に続いて建造された、日本海軍では最後に完成した重巡洋艦となる。その特徴は主砲配置。20.3cm連装砲塔4基を前甲板にピラミッド状に集中配置し後部甲板は水上偵察機の搭載、整備スペースとしていた。これまでの日本海軍は個艦の戦闘力を重視するあまりに主砲塔を5基搭載していたがその分、上部構造物の配置は窮屈で、実際に太平洋戦争では自艦の主砲砲撃の爆風で搭載機が破損するなどの事故も発生している。利根型は主砲発射の影響をうけることのない後部甲板に航空機作業スペースを集中させることでその運用能力が飛躍的に高まった。この利根型の設計は成功とみなされ、大戦中に損傷した「最上」を修理する際に同じように後部の主砲を取り除き航空機作業甲板を設ける改装を実施した。

開戦時には利根型2隻は第八戦隊を構成し空母部隊である南雲艦隊に所属、艦隊の目として索敵任務で活躍した。真珠湾攻撃時には「利根」、「筑摩」の艦載機はハワイの事前偵察に成功し、奇襲攻撃につながる重要な情報をもたらした。その後も空母部隊の直衛としてインド洋作戦やミッドウェー海戦などにも参加、つねに空母部隊とともに戦場を駆け巡った

笹原 大が生み出す、細かさと精度の高次融合体

●誌面では大きく引き伸ばしているが、実際の模型は全長30cmに満たない小さなものだ。笹原氏の作品でまず驚かされるのはここまで写真を拡大してもほとんど埃などが見られないことだ。どんなに注意して製作していてもエアブラシ塗装する場合、空気中をただよう埃を巻き込んでしまう。埃を完全に除去して塗装することは難しいことはわかっている。肉眼では空中を舞う埃はほとんど見つけることができないからだ。笹原氏は製作途中で何度もiPadで撮影し、それを拡大してそれらの瑕疵をその都度取り除いているのである。塗装については非常にカラフルに見えることに気がつかれるだろう。笹原氏の作品の塗装は実艦をベースにしているものの、アクセントとして彩度の高いアイテムをところどころに配置している。これは見る人によって好みがわかれるところだろうが1/700スケールの艦船模型では避けて通ることのできないディフォルメのひとつとして捉えることもできる。

もちろん細部工作の精度も超人レベルだ。エッチングパーツやプラスチック製のアフターパーツなどは多数発売されているがそれらをすべて使いこなすことはむずかしい。接着したエッチングパーツが不揃いになってしまい艦のシルエットを崩してしまうケースもあるがこの作品ではそのような部分はほとんど見られない。舷側や艦載機固定用のロープなどは極細の金属線を撚ってロープ状のものに仕上げているそうだが、これらは実際にやり方を知ってもきれいに工作できる人はごく少数だろう。

これらの要素の相乗効果によりこのような作品は仕上げられている。

帝国海軍重巡洋艦
利根
1941年12月真珠湾攻撃時

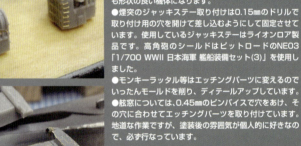

●零式水上偵察機と九五式水上偵察機はウォーターラインシリーズの兵装パーツセットからのチョイスです。これらのパーツは翼や尾翼を半分まで薄く仕上げればとても形状の良い機体になります。

●煙突のジャッキステー取り付けは0.15㎜のドリルで取り付け用の穴を開けて差し込むようにして固定させています。使用しているジャッキステーはライオンロア製品です。高角砲のシールはピットロードのNE03「1/700 WWII 日本海軍 艦船装備セット(3)」を使用しました。

●モンキーラッタル等はエッチングパーツに変えるのでいったんモールドを削り、ディテールアップしています。

●舷窓については、0.45㎜のピンバイスで穴をあけ、その穴に合わせてエッチングパーツを取り付けています。地道な作業ですが、塗装後の雰囲気が個人的に好きなので、必ず行なっています。

■本作品について

ブラウザゲームの「艦これ」がブームになって以降、盛り上がりを見せている艦船模型ですが、数年前と比べると新製品の開発が進み、エッチングパーツ、アフターパーツの充実ぶりには目を見張るものがあります。そこで、近年発売された進化した多種多様なエッチングパーツやアフターパーツなどを最大限活用して、徹底的に造り込んだ作品に仕上げたいという思いで本作品に臨みました。

今回製作した重巡洋艦「利根」は、20.3㎝連装主砲塔4基8門を艦首に集中配置し、艦尾に水上機搭載スペースを確保、水上機による偵察能力を増した独特の美しいシルエットを持つ人気艦です。この「利根」を徹底的にディテールアップしてみました。また製作にあたり、水上機搭載が本艦最大の特徴なので、水上機が多く搭載されていた開戦時の仕様といたしました。

■キットについて

キットについては、アオシマとフジミの2社から同型艦である「筑摩」とあわせて発売されております。両方のキットは甲乙つけがたい好キットなのですが、発売年度の新しいフジミ製品のほうが艦橋の形状など細部のディテールが精密なのでこちらをベースとしております。

■船体について

フジミのキットは1944年レイテ仕様ですから、モールド等を開戦時に変更しなくてはならないので、甲板上の各種モールドは全て撤去し、船体横の舷窓はモールドを撤去し、0.45㎜ピンバイスで穴を開け、エッチングパーツをひとつずつ張り付けていきました。舷窓は、ジュニインモデルのエッチングパーツと透明レジンキャストパーツ(ガラス)を再現するパーツを提供いただきまして試験的に導入してます。舷外電路等のモールドも全てエッチングパーツに付け替えています。

■艦橋について

キットのものをベースにして細部を竣工時の図面や資料をもとにプラ材等で形状を変更し、各種汎用エッチングパーツでディテールアップしています。艦橋のガラス再現方法は透明プラ板を内側から張り付けています。

■煙突の製作

煙突については、モールドを全て削り、両脇の蒸気捨て管も真鍮管で再現し、モンキーラッタル&ジャッキステーをエッチングパーツで追加しております。また、キットはレイテ仕様なので、耐熱板が煙突後部にモールドされていますので、そちらも削りとり、竣工時の煙突にしています。

■各種武装と積載艇の製作

主砲の20.3㎝砲はキットの物を基本として、フライホーク製品のエッチングパーツを張り付けて再現しました。主砲の砲身はアドラーズネストの砲身を使用しました。12.7㎝高角砲はピットロード社製品を基本とし、エッチングパーツと真ちゅう砲身(アドラーズネスト製)で追加工作して仕上げております。25㎜連装機銃はベテランモデル社のエッチングパーツを使用。搭載艇各種についてはレインボー社製品を使用しました。

■艦載機の製作

艦載機は零式水上偵察機3機、九五式水上偵察機2機、合計5機を製作しました。キットのものをベースとし、エッチングパーツでディテールアップしています。各マーキング等はデカールを使用しております重巡洋艦「利根」にとって水上偵察機は非常に重要な意味を持ちますので、自分なりに徹底的に工作したつもりです。特に零式水上偵察機はエンジンカウルを開けるなどの工作を施して、エンジンを整備中の雰囲気を出しています。

■仕上げについて

塗装は、艦底色はGSIクレオスのMr.カラー、リノリウムはピットロード、船体色はガイアノーツの呉海軍工廠色を使用いたしました。汚し塗装のスミ入れやウォッシングを施した後に、ツヤ消しクリアーを全体に吹き付けて完成させています。空中線・張り線については0.04号の金属製テグスを使用し、碍子等を再現して取り付けております。

■製作後記

開戦時仕様で製作したのですが、フジミのキットが大戦後期の仕様だったため大掛かりな手直しが必要でした。フジミのキットで「利根」を製作されるのであれば、大戦後期仕様の方がおススメです。

フジミ・アオシマ1/700
インジェクションプラスチックキット

空母「龍驤」は笹原氏が艦船模型に本格的に挑戦することになった際に最初に取り組んだ思い出深い軍艦だ。小さな船体に載せられた巨大な格納庫。復原性改善のために繰り返された改装による複雑なラインが魅力的だったのだという。ここで紹介する「龍驤」はそんな氏の旧作をあらたにリバイバルしたもの。かっちりと仕上がったその姿を詳しく見ていきたい。

低い乾舷の船体に不釣り合いな巨大な格納庫 アンバランスさが魅力の小型空母

帝国海軍航空母艦 龍驤
フジミ 1/700 インジェクションプラスチックキット
青島文化教材社 1/700 インジェクションプラスチックキット
Imperial Japanese Navy Aircraft carrier Ryujyo
Fujimi 1/700 Injection-plastic kit.
Aoshima1/700 Injection-plastic kit.

飛行甲板はレインボー社製品を使用しています。一部史実と違うモールドなどありますが、基本的にシャープな良い製品です。右舷給弾所付近は船体スポンソンと合わないので一部加工が必要です。また、マストの起倒装置場所も変更します。何度も合わせながら調整してください。甲板の塗装はプライマーを吹き付けてから6色のランダム塗装で木甲板を表現しています。鉄甲板部分は筋彫りでつなぎ目を再現し、やはり4色のランダム塗装を施しています。甲板上の白線や味方識別用の日の丸はマスキングによる吹き付けで再現しています。各種転落防止ネットはアオシマ純正のエッチングパーツセットからチョイスしています。支柱部分とネット部分を塗り分けるとよいと思います。また、各ネットには0.1mm金属線で支柱を取り付けています。エレベーターと格納庫の再現はレインボー製品の汎用パーツとアオシマのキットを利用しています。

帝国海軍航空母艦
龍驤

1942年6月アリューシャン作戦時

調和のとれた超高精密の工作力と
鮮やかで細部を引き立てる塗装の融合

●1/700スケールの艦船模型を取り巻く環境はここ10年ほどでかなり変わったと言われている。これまでプラ材や真鍮線などで自作していたパーツがアフターパーツとしてメーカーから発売されるようになったのだ。しかしこれらの使用にはバランス感覚も必要だ。ある一部分だけ精密なパーツを採用し、その他の部分をそのままにするならばむしろリアリティを損なうとも考えられる。1/700というスケールは他の模型ジャンルよりも格段に小さいものでいくら細密に作っても限界がある以上、ある程度のオーバースケールは止む得ないのだ。笹原作品の特徴は工作可能な限界ギリギリの精密さをすべてのパーツに求めていることである。ここまでひとつの作品に集中できるのは並大抵のことではない。もうひとつ塗装についても注目して欲しい。艦船模型のウェザリングはスケール感を考えると塩梅が非常に難しい。肉眼で気持ちのよいレベルまでウエザリングを施してしまうと撮影した際にはくどく感じるケースが多い。笹原作品では一部、意識的にフィクションを織り交ぜつつさまざまなマテリアルを取り入れ実践している。それらが織りなす新しい艦船模型の姿にも注目して欲しい。

艦首甲板はアオシマの新製品を流用してディテールアップしています。各種チェーンパイプやケーブルホルダーなどはジュニインモデル製品、ボラードはアドラースネスト製品を使用しています。艦橋周りの防弾装備のうち、防弾ロープは0.06㎜銅線で、マントレットは0.4㎜のプラ材にて自作して取り付けています。マントレットは筋彫りしたものに黒で墨入れをして仕上げています。

二度の大改装により実用性を増し
太平洋戦争前期に活躍した小型空母

帝国海軍航空母艦 龍驤
1942年6月アリューシャン作戦時

建造途中で搭載機を1.5倍に増強した藤本マジック

「龍驤」は帝国海軍が「鳳翔」に続いて2番目に新造した空母だ。その間に「赤城」「加賀」という改装艦を挟んだが、当時の海軍ではまだ空母にかける期待は小さく、当面は艦隊防空と偵察用に使える艦で充分だと考えていた。しかし軍縮条約の締結がこの環境を変えた。戦艦戦力の劣勢を補うために空母にも攻撃的性格が求められるようになっていったのだ。「龍驤」はワシントン条約制限外の1万トン未満の小型空母として建造がスタートしたが、その後に結ばれたロンドン条約でこうした小型艦も排水量枠に含まれることが決まってしまう。そこで格納庫を1段追加し搭載機を当初の24機から36機へと増加することとなった。完成後は復元性不足などに悩まされたが二度の改装により小型ながら有力な空母として熟成し、太平洋戦争緒戦で活躍している

帝国海軍航空母艦 龍驤
1942年6月アリューシャン作戦時

艦上機は基本的にライオンロア製品を使用しております。キャノピー部分を切り取り、風防をエッチングパーツに交換するのですが、この時に0.5㎜角のノミでコクピットを掘って再現しています。今回はさらにそのコクピットにシートを取り付けてみました。写真では見えにくいと思いますが、艦上機の表現が豊かになると思います。
機体の張り線は0.04号の金属製のラインを使用しています。各エッチングはフライホーク製品、零戦のプロペラ＆スピナーはアドラーズネスト製品を使用しています。各種マーキングはデカールです。

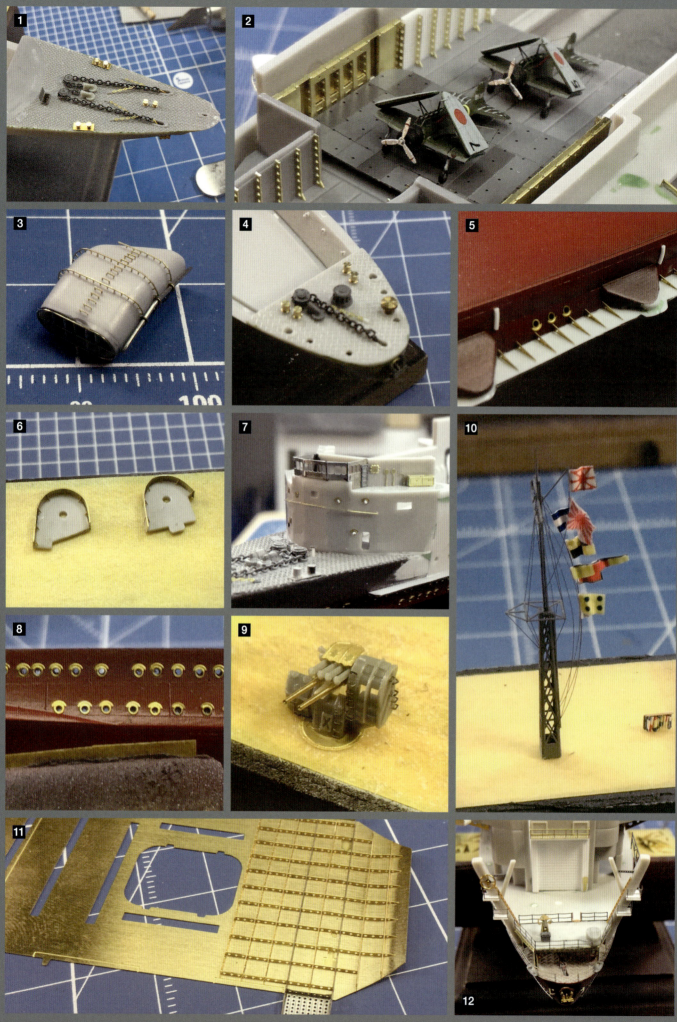

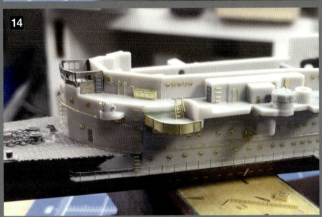

1 艦首甲板のチェーンのモールドを取り除き、金属製のものに取り換えています。この時、汎用エッチングパーツにある極細のチェーンをチェーンストッパーとして取り付けると精密感がアップします。チェーンパイプやキャプスタンはジュニインモデルのレジンパーツ、ボラードはアドラーズネストを使用しています。

2 格納庫を再現する場合には位置決めと各部位の干渉をよくチェックします。また、主翼を畳んだ艦上機を設置する場合も格納庫の天井高さに注意してください。エレベーターの汎用エッチングパーツはレインボー製です。

3 煙突は航空母艦でも目立ちますので徹底的にディテールアップします。特にモンキーラッタルは1個1個取り付けて実際の構造に近づけています。

4 艦尾甲板についても艦首甲板と同様に金属チェーンや各種パーツでディテールアップしています。

5 艦底色については、乗組員の方々のお話でもっと鮮やかな「赤」だったと聞きますので、鮮やかな赤に近いあずき色を使用しています。排水管はプラ材、舷窓はエッチングパーツを使用しています。外鈑の継ぎ目は横のラインがサーフェイサーの厚塗り、縦の筋はスジ彫りで表現しています。この時にスケール感を考えてあまり深く掘らないように注意します。太くスジ彫りしてしまうとスケール感が損なわれますので注意しましょう。

6 各機銃スポンソンは汎用エッチングパーツに取り換えます。内側に三角の補強板を取り付けると精度がアップします。

7 艦橋部分にハッチがありますので四角く穴を開けてハッチが開いた状態を再現しています。ハッチの内側を白く塗装してあげるとアクセントにもなります。

8 舷窓は、キットのモールドも素晴らしいのですが、メリハリを強調するためと外鈑の継ぎ目を再現する上でモールドを残しておくことが難しいため、0.45mmのピンバイスで穴を開けた後に一度モールドを削り取り、エッチングパーツに交換します。厳密にいえば実際の形状と異なりますが、模型映えして個人的には欠かせない工作過程です。重要な点は取り付ける位置と接着剤がはみ出さないようにすることです。

9 12.7cm高角砲はファインモールドのナノドレッドシリーズをベースにアドラーズネスト製砲身などでディテールアップしています。

10 メインマストはエッチングパーツを組んで不足しているディテールを追加し、塗装と汚しまで終わらせます。この後、各種張り線をつけていきます。旗がなびくように演出するために旗に通すロープは弧を描くように癖をつけて取り付けます。旗はライオンロアのデカールを使用しています。作り方は、薄いアルミ箔にデカールを貼り、デカール軟化剤で柔らかくしたところで折り曲げて製作しています。ちょっとしたコツが必要で最初はうまくいかないかもしれませんが、トライしてみてください。この応用で旗が収納されている収納箱(信号旗掛)も製作しています。

11 飛行甲板裏の補強筋は、丁寧に切り取り、ゲート跡の処理を行なって取り付けるのが上手く組み上げるコツです。

12 艦尾の支柱には作業場があったようですので当時の写真や図面を参考にそれらしく再現しています。また、奥には艦上機を収容するための開口部シャッターが竣工時にはあったようです。第二次改装時には塞がれていたかもしれませんが、資料でそのあたりが確認できなかったので、模型映えを考慮プラ材でシャッターを再現しています。この部分は完成後も良く見えるので情報量を増やす意味でも有益だと思います。

13 フジミのキットでは省略されているディテールを各種プラ材で再現しました。

14 ジャッキステーや手すりの取り付け方法ですが、長くいっぺんに取り付けるのではなく、少しずつ継ぎ足していくイメージで取り付けています。

■本作品について

ワシントン海軍軍縮条約による保有制限の対象ではなかった排水量1万トン以下の軽空母を建造するために計画されたのが「龍驤」です。竣工後、二度にわたる改装を行ない、独特のシルエット(逆三角形)をした航空母艦として開戦を迎えました。当初はベテランパイロットもそろい太平洋を狭しと暴れまわった本艦ですが、第二次ソロモン海戦でアメリカ機動部隊の猛攻をうけて沈没し、その生涯を閉じました。その「龍驤」をミッドウェー海戦の陽動作戦であるダッチハーバー攻撃作戦時の状態で再現したいと思い、製作しました。史実では確認できませんが、ミッドウェー海戦と同時期であることから「赤城」などと同様に味方識別用の日の丸を飛行甲板に塗装し、攻撃隊出撃準備状態を再現しています。

■船体について

「龍驤」はフジミのキットが2009年に、アオシマからは2016年に発売されています。アオシマは後発のキットだけあってモールドもシャープで大変素晴らしいです。また、フジミのキットは本艦の無骨さをより良く再現出来ている感じました。以上のことから今回の製作にはベースの船体にはフジミを使用し、高角砲スポンソンの基部や艦首甲板をアオシマのキットを使用して製作しました。船体の基本工程で、甲板上の各種モールドは全て撤去、船体横の舷窓もモールドを撤去し、0.45mmピンバイスで穴を開け、エッチングパーツを一つずつ張り付けていきました。舷窓はライオンロア製品を使用しています。船体の外鈑の段差についてはサーフェイサーの厚塗り吹き付けと筋彫りの併用にて再現しています。

■艦橋について

フジミのキットに付属しているエッチングパーツと各種汎用エッチングパーツでディテールアップしています。艦橋はメインの見せ場ですので、窓ガラスを再現しようと窓に透明プラ板を内側から張り付けて、雰囲気を出してみました。また、内部にはジュニインモデル製の双眼鏡や自作の伝声管を設置、艦橋付近に小箱やハンドルなど汎用パーツを取り付けています。

■煙突の製作

煙突は、モールドを全て削りとり、両脇の蒸気捨管も真鍮パイプ等で再現し、モンキーラッタルとジャッキステーを汎用エッチングパーツで追加しました。

■各種武装と積載艇の製作

12.7cm高角砲はファインモールドのナノドレットシリーズをベースとし、汎用エッチングパーツと真鍮砲身(アドラーズネスト製)で追加工作して仕上げています。13mm4連装機銃はレインボー社のエッチング製品、25mm連装機銃はベテランモデル製品を使用。積載艇各種についてはレインボー社製品を使用しました。

■飛行甲板の製作

飛行甲板にはレインボー製品のエッチングパーツセットの飛行甲板を取り付けています。フジミの船体に取り付ける場合、右舷給弾所付近の合いが一致せず、船体の一部を削って調整する必要があります。汎用パーツを使いエレベーターを下げて格納庫内も再現(合計2機の九七艦攻を収容)しています。

■飛行甲板の塗装について

飛行甲板は、木甲板部分をタンをベース色にしています。一色でベタ塗りするのではなく、色彩を変えた3色～5色でマスキングしつつランダム塗装を施して、木甲板を塗装と汚しで再現しています。

■艦上機の製作

艦上機は予備機を含めて九七式艦上攻撃機16機、零戦二一型3機、合計19機を製作したのですが、各機種ともライオンロア社製キットをベースとしてエッチングパーツでディテールアップしました。マーキング等はデカールを使用しています。今回はコクピットにシートを再現して塗り分けたものを設置してみました。また、エレベーター収容機は主翼を畳んだ状態にしています。

■仕上げについて

塗装については、艦底をGSIクレオスのMr.カラー29番艦底色、船体はガイアノーツの呉海軍工廠色を使用しています。汚しについては、今回GSIクレオスから発売されたMr.ウェザリングカラーのフィルタリングリキッドシェードブルーを初めて使用しました。基本塗装後にフィルタリングすると青色のかかった質感になり、使い方によっては微妙な色の違いを各部位ごとに再現できます。例えば、黒のウェザリングカラーを先に施したあとで青をフィルタリングするとあまり青みがかからないという感じで質感が変えられます。ぜひ皆様にも試していただければと思います。汚し完了後にツヤ消しクリアーを全体に吹き付けて完成させています。空中線・張り線は0.04号の金属製テグスを使用、碍子等も再現して取り付けています。最後に「アクリめいと」の特性のアクリルケースとベースに設置して完成です。

■製作後記

「龍驤」は防弾装備の表現やフィルタリングによる鉄部分の塗装表現こだわって製作してみました。色のチョイスや味方識別用の日の丸、各種防弾装備につきましては個人的な推定を踏まえて製作しました。参考になされる方はご注意下さい。

水上機、各種艤装を満載して見せる笹原流ダイオラマの見せ方

戦艦や空母、巡洋艦などに比べて水上機母艦という艦種そのものは地味な印象を受ける。しかし帝国海軍が建造した水上機母艦は軽巡に近い砲力を持ち特殊潜航艇母艦の機能も併せ持つ万能艦だった。模型的には艦橋から後ろ、中部甲板から後部甲板にかけての広いスペースに水上機やカタパルト、クレーンなど各種艤装をレイアウトすることが可能でダイオラマとしての見せ場となる。ここでは目線を誘導するキーアイテムを配した笹原流の艦船ダイオラマとして楽しんでいただきたい

アオシマ1/700 インジェクションプラスチックキット

帝国海軍水上機母艦日進
アオシマ 1/700 インジェクションプラスチックキット
Imperial Japanese Navy Seaplane tender Nisshin
Aoshima 1/700 Injection-plastic kit.

帝国海軍水上機母艦千歳
アオシマ 1/700 インジェクションプラスチックキット
Imperial Japanese Navy Seaplane tender Chitose
Aoshoma 1/700 Injection-plastic kit.

水上機母艦？ 高速敷設艦？
その実態は秘密兵器、甲標的母艦

帝国海軍水上機母艦
日進
1942年10月時

●積載艇および積載物について
　特型運貨艇を満載して輸送作戦時を再現するために、各種運貨艇の製作をおこないました。資料を参考にして、それらしく製作しています。ただ、想像の部分もありますので資料的価値はあまりないのでご容赦頂ければと思います。トラックや加農砲を搭載している17m特大発は静岡模型教導組合のタグボートセットよりチョイスしてディテールアップしています。積載艇の木甲板はランダム塗装を施してみました。13m大発はフジミ社製の各種キットに付随しているものです。トラックや牽引車両はファイブスター社のエッチングパーツの車両セットを使用しました。また、九二式十糎加農砲は資料を元にそれらしく自作います。

帝国海軍水上機母艦
日進
1942年10月時

帝国海軍水上機母艦
日進
1942年10月時

●艦載機について
搭載機はある意味で本艦の主役でもありますので、自分なりにキッチリ仕上げてみました。零式水偵3機は主翼を畳んだ状態で設置し、零式水上観測機3機は主に対潜哨戒ために待機している状態をイメージしてカタパルト上に設置しています。両機共にウォーターラインシリーズのパーツセットからチョイスしています。このパーツセットは少し古いものですが、各水上機のプロポーションは大変良く、ディテールアップ素材としてはとても扱いやすいので重宝します。エッチングパーツはレインボー社を主に使っています。

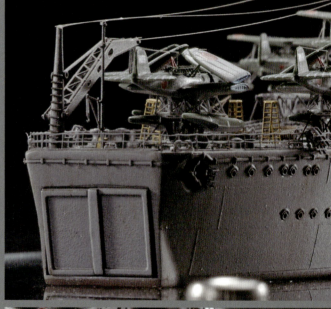

■水上機母艦「日進」について

水上機母艦に分類されている「日進」ですが、計画当初は敷設艦甲と仮称されていた通り、機雷を敵港湾付近に敷設するための敷設巡洋艦とされていました。その後の計画変更により水上機母艦→甲標的母艦と用途を変更しながら竣工した経緯があり、他の水上機母艦と違い主砲には14cm連装砲3基6門という砲力を備えている異色の艦です。

■製作の準備について

私は常に、「どの年代、どの作戦時で製作するか？」という事を考えてから製作に取り掛かるすることにしています。今回の場合は、高速輸送艦として本艦の能力を十二分に発揮した、「1942年10月初旬」に日本帝国陸軍の精鋭である第二師団をガ島へ強行輸送した作戦に設定しました。甲板上には、後に「ピストルピート」として米海兵隊に恐れられた九二式十糎加農砲等を載せて輸送作戦時の雰囲気を出すようにしたいと思い、製作にあたりました。

■キットについて

水上機母艦「日進」は、先に発売された水上機母艦「千歳」「千代田」と船体を共有していますが、新規パーツも多く含まれています。プロポーションも良く細部のモールド等も大変シャープで、良いキットだと私は思います。

■船体の修正

キットの、唯一残念なところが船体の共有化によって本来「日進」にはないバルジが有る点です。まずはこれを削り取る必要があります。美しい船体ラインとなるように丁寧に均してください。この作業は舷窓のモールド等を無くした方が作業しやすいので0.4mmのドリルで穴を開け、船体修正後にエッチングパーツにて再現いたしました。また、船体の外鈑の継ぎ目表現は定番のサーフェイサーによる吹き付けの段差を利用しております。

■艦首甲板付近の製作

艦首のもっとも目立つ部分である菊花紋章を取り付ける台は、プラ板とエッチングパーツを利用して極力シャープさを出すように仕上げています。ボラードについてはアドラーズネスト社の製品、各種荒天排気筒、ケーブルホルダー・チェーンパイプ等の艤装関係はジュニインモデルのものを使用してディテールアップしています。艦本体に設置したパラベーンも含めてこちらの製品は、とても精密に出来ておりますので是非お薦めしたい商品です。

■艦橋の製作

艦橋のパーツは良好で特に問題ないと思います。艦橋の窓枠をエッチングパーツに変更し、透明プラ板でガラスを再現しています。また、各所に防弾板や防弾ロープを設置し、強行輸送作戦の雰囲気を出すようにしました。防空指揮所等の双眼鏡もジュニインモデルを使用し、伝声管を設置して精密感を出しています。

■マストの製作

前後のマストはキットの形状と実際の形状が多少違うので0.2mmの真鍮線を主に使用して自作しました。工作は少々面倒でエッチングパーツもありませんが、とても目立つ部分なのでできれば手を加えたいところです。このマストを自作することにより、より個性的な作品に仕上がると思います。

■甲板上の艤装について

主砲はキットのものを利用し、砲身を真鍮製に変えるなどしてディテールアップします。艦橋付近に積載した小型運貨艇は輸送作戦ということであえて取り付けました。ダンピール海峡の悲劇で有名な空襲時の米軍撮影写真にこのような小型運貨艇を積載する駆逐艦の様子がありましたので、私の想像で搭載しています。艦橋後部にある25mm3連装機銃はベテランモデル社のエッチングパーツを使用。この機銃座の間にあります四角い形状の物は、水面見張り所と推定したのでそのように加工しています。

■デリック支柱及び天蓋機銃座について

本艦の特徴の1つである船体中央部に鎮座する太い支柱に支えられたデリック6基と天蓋機銃座を丹念に仕上げると、艦全体の完成度が格段に上がるので特に時間をかけて製作しました。まず、基部の支柱にモールドされているパイプ類等を削り、真鍮製に変えます。次に、支柱側面にあるディーゼル機関排煙筒部分を実艦と同じ構造にするために、排煙筒が出る部分をくり抜き、真鍮パイプで製作した排煙筒を内側から出しています。各種デリック基部や操作所を資料を参考にそれらしく新たにプラ板等で作り直して取り付けました。前方支柱間の下部にある予備フロート置き場を資料を元に再現いたしました。予備フロートを設置することによって精密感が格段にアップすると思います。

■艦尾甲板について

艦尾甲板については、キット自体のモールドが大変良く、簡単な工作で充分な精密な仕上がりになりました。ディテールアップ方法ですが、艦首甲板と同じで各種艤装パーツを付け替えたぐらいです。一か所だけ後部の錨を巻き上げるケーブルホルダー、チェーンパイプ等の艤装関係が省略されているので、追加しました。舷側に設置した繋船桁は多少オーバースケール気味ですが自作しています。色を塗り分けることにより精密感が増すと思うので、繋船桁はなるべく自作して取り付けるようにしています。

■仕上げについて

艦の最終艤装（張り線や汚し、旗の設置等）が完了したところで、カメラで各部分を撮影して細部のチェックを行ないます。肉眼で見た場合とカメラで撮影した画像を見た時とでは雰囲気がかなり違ってきます。また、細かい部分、パーツが多い艦船模型ですから、細部チェックには最適ですので一度お試しいただければと思います。「日進」は資料も少ないため、細かい点は私個人の想像で仕上げた部分もあります。そのため歴史的な資料とは異なる部分もあることをご了承ください。

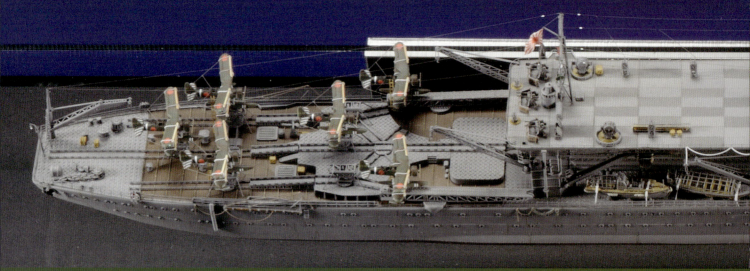

帝国海軍水上機母艦 千歳
1938年バイアス湾上陸作戦時

軍縮条約が生み出した万能多目的艦

「千歳」「千代田」「瑞穂」「日進」の4隻は一応、水上機母艦という艦種にまとめられているが、その実態は異なる。軍縮条約により補助艦艇の保有枠にも制限がかけられた帝国海軍が条約枠外の艦艇として設計したものだ。そのため当初は20ノットに抑えられ戦時に機関を強化し30ノットを発揮する予定だったのだ。

平時の艦種分類は水上機母艦であるため、もちろん水上機を運用する能力はあるが、それ以外にも高速給油艦としての機能や小型潜水艇（甲標的）母艦としての機能も求められていた。さらに加えて必要に応じて短期間で空母への改装も考慮されていた。

実戦では水上機を格納するスペースとクレーンなどを装備していたこともあって敵制空権下を突破する高速輸送艦としても活躍した。

「千歳」「千代田」の2隻は1942年から1943年にかけての改装工事により空母となったが、戦没していなければ「瑞穂」「日進」についても同様の改装が実施されただろう。

九四式水偵、九五式水偵を搭載した就役時の千歳の姿を再現する

ここで紹介する「千歳」は前ページまでの「日進」と異なり1938年の就役時のもの。全体のフォルムは似ているが相違点も多い。両艦のもっとも目立つ違いは船体中央の機銃甲板部分だがほかにも煙突の有無なども目に入ってくる。「千歳」はタービン機関とディーゼル機関を併用しているため煙突が設置されていたが「日進」はディーゼル機関のみとなったため艦橋後部の煙突は廃止された。艦尾部分は「日進」では甲標的を投入するために開くようになっていたが新造時の「千歳」は塞がれている。

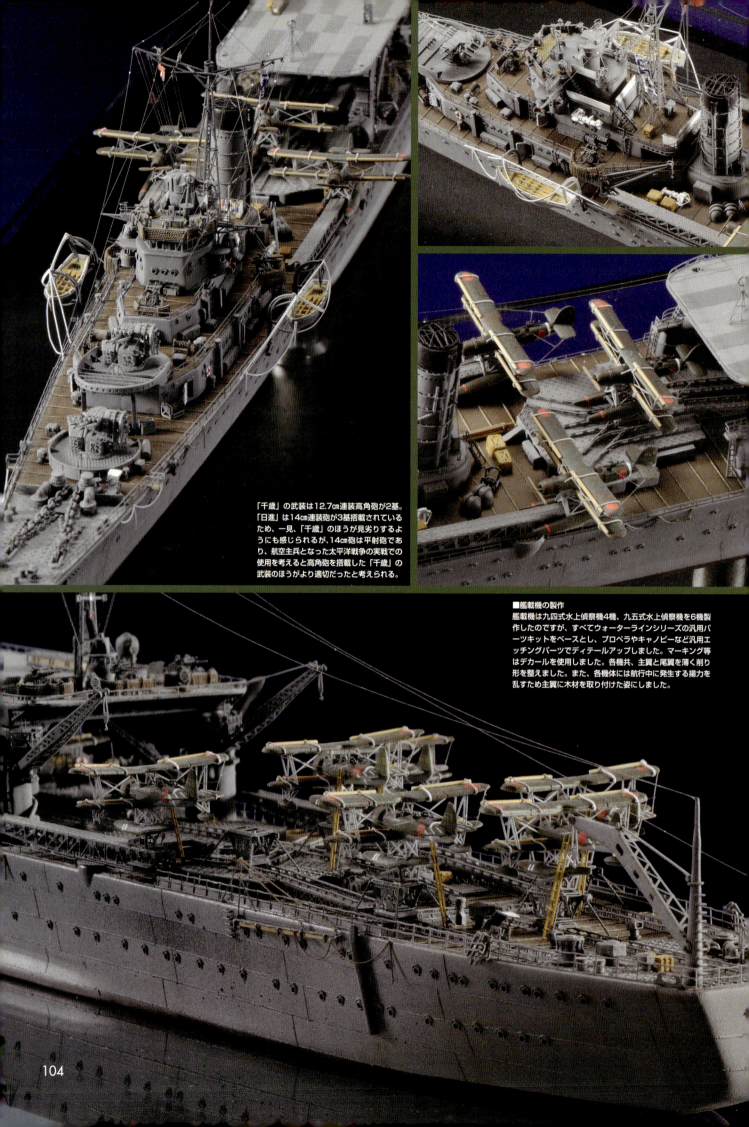

「千歳」の武装は12.7cm連装高角砲が2基。「日進」は14cm連装砲が3基搭載されているため、一見、「千歳」のほうが見劣りするようにも感じられるが、14cm砲は平射砲であり、航空主兵となった太平洋戦争の実戦での使用を考えると高角砲を搭載した「千歳」の武装のほうがより適切だったと考えられる。

■艦載機の製作
艦載機は九四式水上偵察機4機、九五式水上偵察機を6機製作したのですが、すべてウォーターラインシリーズの汎用パーツキットをベースとし、プロペラやキャノピーなど汎用エッチングパーツでディテールアップしました。マーキング等はデカールを使用しました。各機共、主翼と尾翼を薄く削り形を整えました。また、各機体には航行中に発生する揚力を乱すため主翼に木材を取り付けた姿にしました。

船体中央部に設置された機銃甲板、キットではリノリウム張りという解釈となっており、リノリウム抑えのモールドが彫刻されているが、ここは鉄甲板仕様へと変更している。比較的広い平面となるため単調にならないように軍艦色は数色で塗り分けている。

帝国海軍水上機母艦
千歳
1938年バイアス湾上陸作戦時

■本作品について
2012年にアオシマから新製品として発売された際に製作したものです。設定年代は、水上機がまだ活躍していたころが良いと思い、1938年バイアス湾上陸作戦時にしました。ご承知の通り、「千歳」は最新鋭の水上機母艦として実戦に参加しました。九四式水上偵察機、九五式水上偵察機を満載して活躍した雰囲気を再現してみたく製作しました。

■船体について
船体は、キット自体が大変良く出来ているので全体のプロポーションについては修正していません。ただし舷窓などのディテールについてはインジェクションプラスチックキットの性質上、モールドのシャープさに欠けます。そこで船体全体のモールドは全てを削り落としました。舷側外鈑の段差表現はサーフェイサーの厚塗りや筋彫りで再現し、舷窓は0.4mmで穴を開けて、エッチングパーツを貼ります。船体にボートダビットを取り付ける所に穴が開いていますのでそれは塞ぎ、ボートダビットの基部（エッチングパーツ）を垂直になるように調整して取り付けておきます。ある程度完成してからだと面倒ですので、先に処理してしまう事をお勧めします。

■艦橋の製作
艦橋は、側面の見張所天井部分の厚みが気になるので、薄いプラ板（0.2mm）にて作り直しています。また、1.5m測距儀や通風口は汎用エッチングパーツでディテールアップしてます。防空見張所はジュニインモデルの双眼鏡を使用し、真鍮線を加工して伝声管を配置しています。少々手間ですが、上部のみ金色にしてあげると精密感がアップします。艦橋の窓は裏から透明プラ板をとりつけてガラスを再現しています。

■煙突の製作
煙突は、キットのモールドを一旦削り、汽笛の配管とジャッキステーを再現しています。この様な小さいパーツのディテールアップにはバイス（万力）があると便利なので愛用しております。少々高いものですが、精密工作には欠かせません。

■各種武装と積載艇の製作
艦首の12.7cm連装高角砲は、ファインモールドのナノドレッドシリーズをベースにエッチングパーツでディテールアップしています。砲身はアドラーズネストの真鍮挽き物パーツに交換しました。各所に設置している25mm機銃はベテランモデルのエッチングパーツです。積載艇各種についてはレインボー社製品を使用しました。大発は既存の汎用パーツをディテールアップしています。

■マストとデリックの製作
キットのマスト形状は悪くないのですが、シャープさを出したいのでメイン・後部ともにプラ材と真鍮線で自作しました。デリック各種は特殊艦専用エッチング（ゴールドメタル）を利用して再現しています。また、張り線の要領で、ワイヤーを再現しています。

■機銃甲板の製作
キットの機銃甲板はモールドがリノリウム抑えの仕様となっていますが、個人的な好みで鉄甲板仕様に変えております。モールドを全て削り、甲板のランダム塗装を施しています。また、各支柱にある蒸気捨管は真鍮パイプに作り替えています。甲板裏側はキットのモールドを全て削り取り、汎用エッチングパーツでトラス構造を再現してみました。各支柱にあるクレーンの操作場（？）はプラ板等で追加工作して作りました。

■仕上げについて
汚し塗装のスミ入れやウォッシングを施した後に、ツヤ消しクリアーを全体に吹き付けて完成させています。空中線、張り線については0.04号の金属製テグスを使用し、碍子等を再現して取り付けております。

■製作の感想
リニューアルされた水上機母艦「千歳」は組み立てやすさとシャープなディテールを併せ持つ素晴らしいキットです。今回は皆さんがディテールアップ作業をされる際の参考になりそうな部分を重点的に紹介させていただきました。

キャノピーのヒートプレスに金属製ノズル、新機軸を盛り込んだ1/700艦上機に見合ったフルディテールアップの原子力空母

本書では繰り返し伝えてきたが笹原作品の魅力を倍増させているのはその搭載機の精密感だ。このページで紹介する空母ニミッツはもともとは航空機模型専門誌『スケールアヴィエーション』のコンテスト用に製作した1/700のF-14トムキャットの展示ベースとして製作がスタートしたもの。しかし笹原氏の作る空母、ただの展示ベースで終わるわけがない。細部まで精密に作り込むというこれまでの作品に加えてあらたに電飾を組み込み格納庫や艦橋を光らせることにもチャレンジしている。貪欲に新技法を取り入れる氏の真骨頂を本作に見た

CVN-68 USS "Nimitz"

アメリカ海軍航空母艦ニミッツ
ピットロード 1/700
インジェクションプラスチックキット

United States Navy Aircraft carrier USS Nimitz
Pitroad 1/700 Injection-plastic kit.

ピットロード1/700
インジェクションプラスチックキット

アメリカ海軍航空母艦 ニミッツ

7つの海を支配した
超巨大原子力空母
1980年代、冷戦期の姿

現代における世界最大、最強の軍艦

ニミッツ級原子力空母は1970年代から現在まで、40年以上にわたって整備された世界最大の軍艦だ。その同型艦は10隻に及ぶ。新造時の搭載機は80〜105機を予定していたが、その後、搭載機の大型化なども進み、現在では56機プラスヘリコプター15機の71機程度で運用されている。

作例の「ニミッツ」は1980年ごろの状態を再現したもので搭載機は艦上戦闘機F-14トムキャット、艦上攻撃機A-6イントルーダー、艦上攻撃機A-4コルセア、電子戦機EA-6プラウラー、早期警戒機E-2Cホークアイなど。現在ではこれらの機体はほとんど退役し艦上戦闘機、艦上攻撃機はすべてFA-18ホーネット／スーパーホーネット系列のものへと置き換えられている。

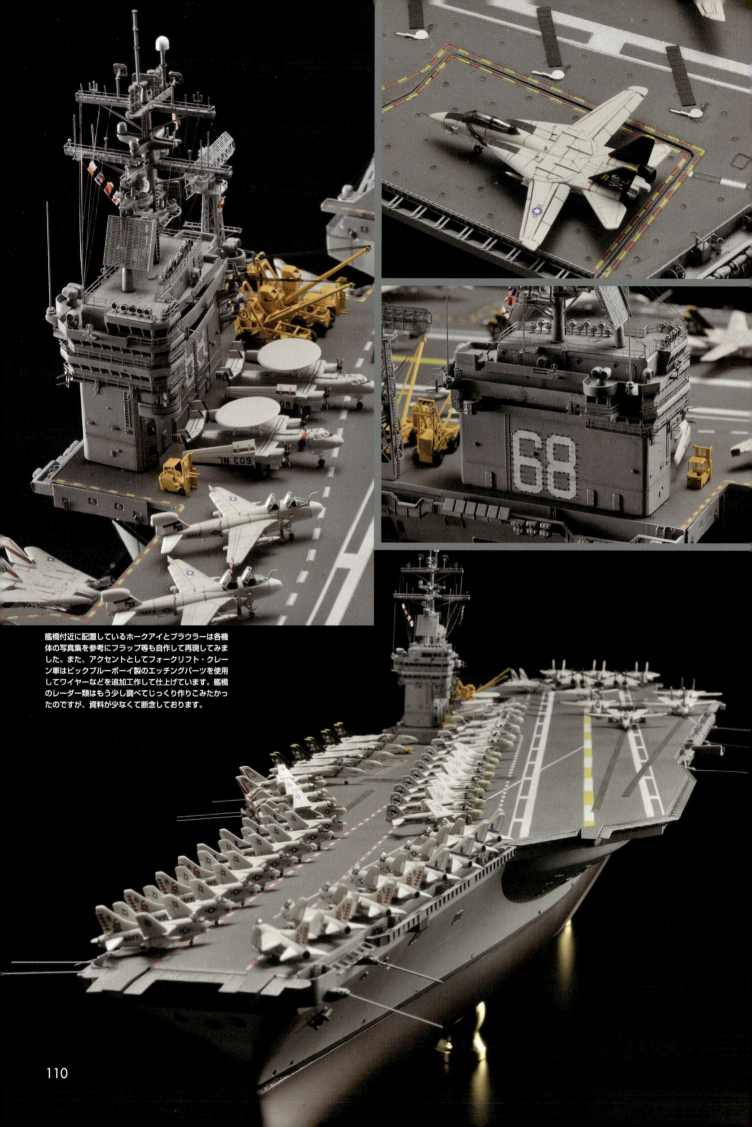

艦橋付近に配置しているホークアイとプラウラーは各機体の写真集を参考にフラップ等も自作して再現してみました。また、アクセントとしてフォークリフト・クレーン車はビックブルーボーイ製のエッチングパーツを使用してワイヤーなどを追加工作して仕上げています。艦橋のレーダー類はもう少し調べてじっくり作りこみたかったのですが、資料が少なくて断念しております。

アメリカ海軍航空母艦

本作品の主役であるF-14トムキャットは駐機状態のものと発艦準備状態の2種類を作りました。駐機仕様は主翼を後退状態とし、水平尾翼を後ろに下げてキャノピーを上げている仕様にしています。発艦準備仕様はその逆で、主翼を展開させてフラップを下げる、水平尾翼は水平、もしくは前方を下げて発艦時の状態にしています。エンジンノズルはアドラーズネストさんにお願いして特別に作っていただいた真鍮挽物です。このノズルのおかげで引き締まった機体が再現できました。

■本作品について

ここで紹介する「ニミッツ」は航空機模型の専門誌『スケールアヴィエーション』2017年1月号で開催されたSAコン(お題目：F-14トムキャット)に参加するために、「1/700でどこまでF-14トムキャットを再現できるか？」からスタートしたものです。幸いF-14は思った感じで仕上げることができたので、あとは展示ベースとして原子力空母があった方が迫力あるだろうと思い、「ニミッツ」を台座として製作しました。もともとは搭載しているF-14トムキャットが主役で空母「ニミッツ」はベースとして割り切って製作する予定でした。

■船体について

船体ですが、使用したピットロードのキット自体は少し古いものなので船体のゆがみの修正などが必要となります。エレベーターや格納庫など、見せ場も多いので時間をかけて手を加えています。開放型格納庫は内部がよく見えるので電飾にトライしてみました。

■飛行甲板の製作

キットの飛行甲板はモールドも素晴らしく特に修正はしていません。飛行甲板上のラインはデカールは使用せずマスキングによるエアブラシ塗装で再現しました。飛行甲板は色を調合し4色による多層吹き付けを行ないました。

■艦橋の製作

艦橋は、クリアパーツなので電飾を組み込むことにしました。ガラス面は裏側からクリアグリーンを吹き付け、マスキング後に外の船体色を吹き付けています。各種アンテナ・レーダーなどはゴールドメダル、ピットロード、エデュアルドなど各社のエッチングパーツからチョイスして組み上げています。当時の艦橋やレーダーマストの詳細な資料が入手できなかったので、説明書を基本に自己解釈で組んでいます。

■艦上機の製作

F-14トムキャット、コルセアⅡ、バイキング、プラウラー、ホークアイ等はすべてピットロードの艦上機セットをベースにディテールアップしました。基本的には、コクピットの製作、キャノピーはヒートプレスで自作、ミサイルも自作しています。主脚などのエッチングパーツはビッグブルーボーイというメーカーから各種出ていますので利用しました。機体のマーキング等はピットロードの艦上機セットについているデカールを使用しています。

■電飾について

開放型格納庫から見える整備中のF-14トムキャットも重要な見せ場の一つと考えましたので天井にLEDを仕込み電飾しました。ノーマルの電球色と夜間照明用の赤色を取り付けて、スイッチ切り替えで点灯をコントロールできるようにしています。艦橋側面のハルNo.68の電飾は0.25mmの光ファイバーを埋め込んで再現しています。格納庫内のF-14トムキャットはレドームを開けて機首レーダーを自作し、機体から外されたエンジンはプラ材等でそれらしく自作し、汎用エッチングパーツで自作した台座に載せています。初めての電飾にチャレンジしたのですが、苦労の甲斐もありイメージ通りの格納庫が出来て満足のいく仕上がりとなりました。

■仕上げについて

今回はベースとしての製作なのでフルハルにして金属脚をセットしています。電飾のコード類も金属脚を通して台座の下に出る様に工作しました。電飾の電源は電池式を採用しています。これは、野外での撮影ができるように考慮したからです。空中線・張り線につきましては0.04号の金属製テグスを使用し、旗は写真をみながら似た雰囲気のものを取り付けています。

111

笹原大の艦船模型
ナノ・テクノロジー工廠
Ship Modeling
with Nanotechnology
by Dai SASAHARA

■スタッフ STAFF

模型製作 Modeling
笹原大　Dai SASAHARA

文 Text
笹原大　Dai SASAHARA
後藤恒弘　Tsunehiro GOTO

編集 Editor
後藤恒弘　Tsunehiro GOTO
吉野泰貴　Yashutaka YOSHINO
森 慎二　Shinji MORI
佐藤南美　Minami SATOU

編集協力 Contributing editor
佐伯健司　Kenji SAEKI
夏目公徳　Kiminori NATSUME

特別協力 Special thanks
松本州平　Shyuhei MATSUMOTO
吉岡和哉　Kazuya YOSHIOKA
山崎貴　Takashi YAMAZAKI

撮影 Photographer
株式会社インタニヤ ENTANIA
石塚真　Makoto ISHIZUKA

アートデレクション Art Director
横川 隆　Takashi YOKOKAWA

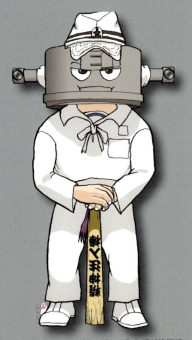

▲このイラストはこがしゅうと氏が笹原氏の
イメージキャラクターとして描いたもの

112

笹原大の艦船模型ナノ・テクノロジー工廠

笹原大著

発行日　2017年10月27日　初版第1刷
　　　　2018年 5月 4日　　　第2刷

発行人　小川光二
発行所　株式会社 大日本絵画
〒101-0054　東京都千代田区神田錦町1丁目7番地
Tel 03-3294-7861（代表）
URL; http://www.kaiga.co.jp

編集人　市村弘
企画／編集　株式会社アートボックス
〒101-0054　東京都千代田区神田錦町1丁目7番地
　　　　　　錦町一丁目ビル4階
Tel 03-6820-7000（代表）
URL; http://www.modelkasten.com/
印刷　図書印刷株式会社
製本　株式会社ブロケード

内容に関するお問い合わせ先：03（6820）7000　（株）アートボックス
販売に関するお問い合わせ先：03（3294）7861　（株）大日本絵画

Publisher/Dainippon Kaiga Co., Ltd.
Kanda Nishiki-cho 1-7, Chiyoda-ku, Tokyo 101-0054 Japan
Phone 03-3294-7861
Dainippon Kaiga URL; http://www.kaiga.co.jp
Editor/Artbox Co., Ltd.
Nishiki-cho 1-chome bldg., 4th Floor, Kanda
Nishiki-cho 1-7, Chiyoda-ku, Tokyo 101-0054 Japan
Phone 03-6820-7000
Artbox URL; http://www.modelkasten.com/

©株式会社 大日本絵画
本誌掲載の写真、図版、イラストレーションおよび記事等の無断転載を禁じます。
定価はカバーに表示してあります。
ISBN978-4-499-23223-4